信访与社会矛盾问题研究

【2021年第5辑】（理论版）

北京市信访矛盾分析研究中心　编

Research on Public Complaints and Social Contradictions & Problems

北京市信访矛盾分析研究中心
Beijing Institute of Letters to Government

U0874907

中国民主法制出版社

图书在版编目（CIP）数据

信访与社会矛盾问题研究 . 2021 年 . 第 5 辑 / 北京市信访矛盾分析研究中心编 . —北京 : 中国民主法制出版社, 2021.10

ISBN 978-7-5162-2700-8

Ⅰ. ①信…　Ⅱ. ①北…　Ⅲ. ①信访工作–研究–中国
Ⅳ. ① D632.8

中国版本图书馆 CIP 数据核字（2021）第 203939 号

图书出品人／刘海涛
出 版 统 筹／乔先彪
责 任 编 辑／庞贺鑫
特 邀 编 辑／郭晓燕　敖　曼

书名／信访与社会矛盾问题研究・2021年第5辑（理论版）
作者／北京市信访矛盾分析研究中心　编

出版·发行／中国民主法制出版社
地址／北京市丰台区右安门外玉林里7号（100069）
电话／（010）63055259（总编室）　63058068　63057714（营销中心）
传真／（010）63055259
Http: //www.npcpub.com
E-mail: mzfz@npcpub.com
经销／新华书店
开本／16开　787毫米 × 1092毫米
印张／8.5
字数／117千字
版本／2021年11月第1版　2021年11月第1次印刷
印刷／天津中印联印务有限公司

书号／ISBN 978-7-5162-2700-8
定价／50.00元
出版声明／版权所有，侵权必究。

（如有缺页或倒装，本社负责退换）

著作权使用声明

本刊已许可中国知网以数字化方式复制、汇编、发行、信息网络传播本刊全文。本刊支付的稿酬已包含中国知网著作权使用费，所有署名作者向本刊提交文章发表之行为视为同意上述声明。如有异议，请在投稿时说明，本刊将按作者说明处理。

《信访与社会矛盾问题研究》编辑出版委员会

主　　编　于文浩

副 主 编　王　凯

学术顾问（按姓氏笔画排序）

王浦劬　北京大学国家治理研究院院长、教授

李路路　中国人民大学国家社会发展研究院常务副院长、教授

沈　原　清华大学社会学系教授

谢立中　北京大学社会学系教授

编委会成员（按姓氏笔画排序）

王长江　王怀超　王浦劬　毛寿龙　左芷津　田　阡　闪淳昌

曲　星　朱维究　任子平　刘　林　宋　明　李连江　李　强

李君甫　李培林　李路路　何增科　沈　原　张　勤　陈小君

陈庆云　单光鼐　胡正荣　洪大用　袁　岳　莫于川　党国英

唐　军　唐　钧　崔和平　董关鹏　喻国明　谢立中　魏　杰

执行主编　吴镝鸣　郭晓燕

学术主编　张　红

责任编辑　敖　曼　李慧敏

英文编辑　杨　慧　许巧稳

新时代构建新型人民信访工作

党的十九届六中全会明确要求，“发展全过程民主，保证人民当家作主”。信访制度作为中国特色社会主义民主法治中一项重要的制度设置，是我国公民参与国家治理的重要制度安排，是维护党和国家与人民群众血肉联系的桥梁和纽带。新时代，要深刻认识、准确把握我国发展环境面临的复杂变化以及进入新时代、新发展阶段所面临的机会与挑战。构建新型信访工作，并持续推动新时代信访工作高质量发展，推进社会主义民主与法治建设进程的深入。本期围绕“新时代构建新型人民信访工作”这一主题展开讨论，探寻我国进入新时代、新发展阶段构建新型人民信访工作的方式和途径。

人民建议征集工作是政府倾听民声、收集民意、汇集民智的重要渠道，也是落实以人民为中心的发展思想的重要载体。2019年11月2日，习近平总书记到上海长宁区虹桥街道古北市民中心，考察社区治理和服务情况。中共上海市委贯彻落实习近平总书记的讲话精神，于2020年6月通过了《关于深入贯彻落实“人民城市人民建，人民城市为人民”重要理念，谱写新时代人民城市新篇章的意见》，明确要把握人民城市的主体力量，打造共建共治共享的社会治理共同体，紧紧依靠人民推进城市建设，强化人民群众参与的制度化保障。本刊“专家视点”栏目的《贯彻全过程民主思想的立法尝试——以〈上海市人民建议征集若干规定〉为例》一文详细阐释了《上海市人民建议征集若干规定》作为一部专门规范人民建议征集工作的省级地方性法规，在立法过程中所贯穿的全过程民主的思想。该文分别从人民建议的主体、工作原则、内容的实质性民主、人民建议的程序和流程等几个方面，分析了该规定所体现的全过程民主思想，认为这部法规是确立人民建议工作贯穿全过程民主思想的开创性立法尝试。

推进国家治理体系和治理能力现代化，秉承怎样的国家治理价值观十分重要。中国作为一个向现代社会转型的国家，推进国家治理体系和治理能力现代化，需要遵循人类社会发展规律，借鉴人类文明有益成果。其关键词不仅包括法治、公开等人类文明一些有益成果，也需要结合中国实际，坚持党的领导等。只有在此基础上，推进国家治理体系和治理能力现代化，向现代国家转型才有正确的发展方向。“理论视野”栏目的《公开：国家治理体系和治理能力现代化的要义之一》一文就“公开”在国家治理体系和治理能力现代化的作用和表现形式进行了详细分析。

21世纪以来，随着社会转型的深化，利益格局的变动，单一的以行政为主体的矛盾解决机制已经远远适应不了现实的需要，在这一社会需求下，矛盾纠纷多元化解决机制应运而生。“理论视野”栏目的《深化与完善矛盾纠纷多元化解决机制》一文分析了矛盾纠纷多元化解决机制的内涵、现状与问题，并针对如何完善矛盾纠纷多元化解机制提出了相应的对策和建议。“社会调查与案例分析”栏目的《从意见分歧到激烈冲突：社区矛盾纠纷演化的内在逻辑和善治路径》一文基于G市T区小区旧楼电梯加装这一城市老旧社区更新“微改造”案例，分析从意见分歧到激烈冲突演化的内在逻辑及存在问题，从地方立法、行政理念、社区管理、社会资本、司法机制等方面探索善治路径，力求对作为国家中心城市和改革开放排头兵的G市破解城市基层治理难点痛点，打造共建共治共享社会治理格局和推动城市治理体系和治理能力现代化有所启示。浦东新区是上海现代化建设的缩影，对其进行研究有助于我们进一步廓清引领新形势下创新信访工作的新路径和新方法。“探索与思考”栏目的《在社会主义现代化建设引领区构建新型人民信访的思考》一文回溯和分析了浦东新区改革开放进程中的突出信访问题，并提出民主治理、依法治理、协同治理和精准治理是在引领区深化拓展信访功能的四个基本方向，有助于推动信访制度在新发展中焕发出新的生机和活力。《“三化三零”信访工作模式在国有企业的探索》一文以胜利油田企业为例，探索构建实施“三化三零”信访工作模式的理论与实践。《风险感知视域下社会风险评估研究》一文则从风险感知视域出发，探讨风险感知理论对社会风险评估结论的影响，进而提出消除风险感知差异，增强社会评估结论可靠性的路径。

实践中，信访相关行为是否可诉仍存在很多争议。“信访观察”栏目的《信访相关行为可诉性探析》一文认为，判断信访相关行为是否可诉，关键看该行为是否具备可诉行政行为的要素和特征，同时要注重审查行为实质内容，不受制于信访的形式和外观，避免当事人因信访活动而失去诉讼救济的权利。《成都市基层矛盾纠纷多元化解的探索与思考》一文在借鉴北京市、厦门市、杭州市等基层矛盾纠纷化解经验的基础上，总结了成都市在矛盾纠纷多元化解工作方面取得的初步成果，并提出了进一步完善的具体措施，对于化解矛盾，缔造大城市社会治理共建共治共享格局提供了有益尝试。该栏目的另一篇文章《完善群众组织参与信访矛盾化解的工作机制研究》主要基于上海市嘉定区徐行镇群众组织参与信访工作的实践，探究和完善群众组织参与信访矛盾化解的工作机制，以期更好地推动基层信访工作的有效开展。

本刊编辑部

2021年11月

目 录
CONTENTS

探索与思考

社会调查与案例分析

专家视点

贯彻全过程民主思想的立法尝试

——以《上海市人民建议征集若干规定》为例

朱应平　徐亦秋

贯彻全过程民主思想的立法尝试
——以《上海市人民建议征集若干规定》为例

□ 朱应平　徐亦秋 *

摘要:《上海市人民建议征集若干规定》是一部专门规范人民建议征集工作的省级地方性法规，其立法过程不仅贯穿了全过程民主的思想，而且设置了一系列体现全过程民主思想的体制和机制，以保障人民建议征集工作成为全过程民主思想实践的重要途径。这部法规主要从立法目的、建议人和承担建议征集的国家机关、便民原则、人民建议内容的实质性民主、人民建议的程序和流程，以及人民建议全过程民主的保障措施等体现全过程民主思想的体制机制。这是一部确立人民建议工作贯穿全过程民主思想的开创性立法尝试，当然，这部立法也有局限性，有待未来进一步修改完善。

关键词: 全过程民主　立法　体制　机制　尝试

2019 年 11 月 2 日，习近平总书记到上海长宁区虹桥街道古北市民中心考察社区治理和服务情况。习近平总书记在此强调，我们走的是一条中国特色社会主义政治发展道路，人民民主是一种全过程的民主，所有的重大立法决策都是依照程序、经过民主酝酿，通过科学决策、民主决策产生的（习近平，2019）。2021 年 3 月，全国人大修改《全国人大组织法》和《全国人大议事规则》，将“全过程民主”写入法律。这是最高国家权力机关践行全过程民主的实际行动，为地方人大工作特别是立法提供了样板。

上海市贯彻落实习近平总书记的讲话精神。2020 年 6 月，中共上海市

* 朱应平，华东政法大学教授，博士生导师；
徐亦秋，华东政法大学国际金融法律学院学生。

委通过《关于深入贯彻落实“人民城市人民建，人民城市为人民”重要理念，谱写新时代人民城市新篇章的意见》，明确要把握人民城市的主体力量，打造共建共治共享的社会治理共同体，紧紧依靠人民推进城市建设，强化人民群众参与的制度化保障。2020 年 7 月，上海市人民建议征集办公室挂牌成立，与市委市政府信访办公室合署办公，各区也相继成立类似机构。

2021 年 1 月通过的《上海市国民经济和社会发展第十四个五年规划和二〇三五年远景目标纲要》明确提出，“现代化治理走出新路，全过程民主充分展现，平等发展、平等参与权利得到充分保障，城市运行更加安全高效，社会治理更加规范有序”。2020 年 11 月，上海市人大常委会作出《关于深入学习贯彻习近平总书记在上海基层立法联系点考察时的重要讲话精神，充分发挥人大在推进“全过程民主”探索实践中的作用的意见》，要求全市各级人大常委会在践行“全过程民主”中发挥示范带头作用。

2021 年 6 月 23 日上海市人大常委会表决通过《上海市人民建议征集若干规定》（以下简称《若干规定》）。这是全国第一部由省级人大常委会制定的专门促进和规范人民建议征集工作的地方性法规，属全国首创。这部地方性法规本身就是体现全过程民主的一个立法示范，也是上海市人大常委会将中央关于全过程民主贯彻落实在国家机关工作中的重要依据。

一、《若干规定》体现全过程民主的体制和机制设置

《若干规定》确立的人民建议征集制度是我国民主制度的重要内容。人民代表大会制度是我国的根本政治制度，是人民当家作主的主要制度形式。而人民向国家机关提出意见建议和国家机关主动向人民征集意见建议则是对人民代表大会制度这一根本政治制度的重要补充，是将全过程民主加以拓展的重要渠道和途径。《若干规定》坚持了全过程民主的原则，既反映在立法过程中，也反映在这部地方性法规设计的相关机制体制中。

（一）立法过程体现了全过程民主

2021 年 2 月初，上海市人民建议征集处启动立法起草工作，召开了一系列座谈会，梳理主要问题。2021 年 2 月 20 日笔者参加了由华东政法大学

科研智库与市信访办人民建议征集处联合召开的“人民建议征集工作的法治化研究”专题研讨会，会议提供了《若干规定》草稿文本，总体看仍有待完善。之后经过多次召开研讨会、座谈会，广泛听取意见建议，草稿文本不断修改完善。据笔者统计，这一过程采纳的意见建议至少有 30 条之多。

2021 年 3 月该地方性法规由上海市人大监察司法委向市人大常委会提出立法议案，纳入年度立法工作计划之后，上海市人大监察司法委多次听取各界意见建议。4 月份集中听取了市人大常委会基层立法联系点、高校学者专家、国家机关等多方面的意见和建议。笔者能够查到的采纳的意见建议至少有 20 余条。

2021 年 6 月 2 日上海市人大常委会办公厅公告发布对《上海市人民建议征集若干规定（草案）》（以下简称《若干规定（草案）》）征求意见的通知，向社会广泛征求意见。据笔者比对正式通过的法规与征求意见稿条文，发现吸收采纳的意见建议有 8 条。

除此之外，就《若干规定》内容来看，全过程民主体现在以下几方面。

（二）《若干规定》设置的制度体现了全过程民主

1. 立法目的确立了全过程民主

《若干规定（草案）》第 1 条原本没有提到全过程民主，在征求意见后，第 1 条增加了“全过程民主”的立法目的。[1] 可见，坚持全过程民主是本部地方性法规的重要立法目的，也是本法规中确立的人民建议征集工作的重要原则。

2. 人民建议提出主体和参与此项工作的主体全覆盖

没有一定广泛程度的主体参与相当广泛的国家机关活动的民主算不上“全过程民主”。《若干规定》确立了广泛的建议主体和征集办理主体。这体现在第 2 条[2] 和其他条文中。

---

[1] 《若干规定》第 1 条　为了贯彻落实“人民城市人民建，人民城市为人民”重要理念，坚持人民群众在城市建设和发展中的主体地位，保障其知情权、参与权、表达权、监督权，促进和规范本市人民建议征集工作，鼓励和引导人民群众建言献策，坚持全过程民主，完善共建共治共享的社会治理制度，根据宪法和相关法律、行政法规，结合本市实际，制定本规定。

[2] 《若干规定》第 2 条第 2 款　本规定所称人民建议，是指公民、法人和其他组织等（以下称建议人）为了维护国家利益、社会公共利益，促进城市建设和发展，提升城市治理水平，改进国家机关工作，向本市各级国家机关提出的建议。

从法规规定的人民建议主体来看并不限于“人民”的“建议”，法规所指的“人民”只是一个泛称，法定用语为“公民、法人和其他组织等”。比如第15条第1款使用了“人民群众”[1]，这里的“人民”也不限于中国公民，因为第15条第4款规定“鼓励、支持境外人士积极提出建议，汇聚全球智慧，助力上海发展”。这充分体现了上海是一个对外开放的大城市，理应海纳百川、汲取民智。其中的“组织”也很丰富，比如第15条第2、3款[2]规定了一些特殊的社会组织：基层群众自治组织、人民团体、行业协会、高等学校、研究机构、各类智库等。这些规定是为了确保人民建议的质量更高而作出的特殊安排，并不是为这些主体搞特权的制度设计。

从建议主体和接受主体的角度来界定人民建议的工作。从接受和参与人民建议的国家机关来说，非常广泛，可以说覆盖了所有的国家机关，也就是第2条所指的“本市各级国家机关”。早在2014年中共上海市委办公厅、上海市人民政府办公厅发布《上海市人民建议征集工作规定》（以下简称《工作规定》），根据其第2条、第17条规定[3]，虽然上海市委市政府、区委区政府及其工作部门都要据此开展工作，但实际上主要是市、区信访办代表市委市政府、区委区政府在开展此项工作，政府各个部门几乎没有开展此项工作。至于政府及其工作部门以外的其他机关，该文件没有这方面的要求。这一规范性文件的贯彻实施为《若干规定》的出台积累了丰富的经验。而《若干规定》不仅吸收该规范性文件的成

[1] 《若干规定》第15条第1款　鼓励、支持人民群众积极为本市城市建设和发展建言献策，营造全社会参与人民建议征集的良好氛围。

[2] 《若干规定》第15条第2款　鼓励、支持基层群众自治组织、人民团体、行业协会等察民情、聚民智，积极向本市各级国家机关反映人民群众的建议。

《若干规定》第15条第3款　鼓励、支持高等学校、研究机构、各类智库等参与本市各级国家机关人民建议征集工作，提升建议征集的专业性和精准度。

[3] 《工作规定》第2条　本规定所称人民建议，是指公民、法人或其他组织〔以下简称建议人〕为了社会公共利益，针对社会公共事务，向市委、市政府反映的情况，提出的建议或意见。

本规定所称建议人，是指采用前款规定形式，向我市各级党委和政府及其部门提出意见建议的公民、法人和其他组织。

《工作规定》第17条　各区县党委、政府，市委、市政府各部门的人民建议征集工作，参照本规定执行。

功经验，还克服了其不足，增加了很多新的内容，比较好地体现了全过程民主的原则。

3. 便民原则有助于全过程民主的实现，《若干规定》从两个角度设计了相关制度

（1）从国家机关角度，要求其通过大数据资源平台和信息系统推进此项工作。[1] 这是通过信息化的方法推进人民建议征集工作的快速高效开展，明确了国家机关要将便民建议的工作贯穿于权力运行的全过程之中。便民原则是落实全过程民主的重要原则。

（2）从社会公众可以选择途径的角度确立方便提出建议的各种方式。[2]《若干规定》不仅确立了传统的提出人民建议的方法方式，还与时俱进地确立了新的建议方法。学者指出："在智能文明的基础上，中国的全过程民主可以借助中国特色社会主义制度的优势和智能技术的支撑，进一步实现其'全局性''全程性'和'全民性'""而通过智能技术的应用，可以利用信息数据和算法的力量做到'千人千面'，即更加精准地把握每个公民的政治意图和公共服务需求。在此基础上，广大人民的民主权利可以得到充分实现。"（高奇琦、杜欢，2020）可见，该法规确立了这些形式顺应了时代发展的潮流，为普通民众经常采用各种方便的建议方式提供了依据。

---

[1] 《若干规定》第 7 条　市人民建议征集办公室建立完善人民建议征集信息系统，实现议题发布、建议接收、办理反馈、信息查询、公众评价等功能，并接入"一网通办""一网统管"平台；同时依托市大数据资源平台，推进人民建议征集工作信息的互联、互通和共享。

其他国家机关应当加强人民建议征集工作信息化建设，共同推动人民建议征集工作的规范、透明、高效。

《若干规定》第 8 条　本市各级国家机关采取主动征求、收集和日常接收等方式，征集人民建议。

本市各级国家机关制定地方性法规、政府规章、规范性文件和作出重大决策，涉及社会公共利益和重大民生问题的，以及就人民群众反映集中的问题等主动征求、收集人民建议的，可以根据需要开展专项征集，并逐步实施目录管理。

专项征集的议题及相关情况说明、建议提交的途径和方式、征集期限应当向社会公开，相关信息同时在人民建议征集信息系统上发布。

[2] 《若干规定》第 9 条　本市畅通人民建议征集渠道，保障建议人通过书信、电话、电子邮件、互联网媒体等形式提出建议。

本市充分发挥 12345 市民服务热线和门户网站、"随申办"移动端等政务新媒体的"云征集"功能，为建议人有序参与人民建议征集活动提供便利。

4. 在人民建议的内容上突出人民建议的实质民主性

人民建议的事项必须实质性地反映人民的利益。[1]《若干规定》明确界定了纳入人民建议的内容和性质，必须反映人民切身利益的建议，这是对全过程民主质量的要求。《若干规定》还规定："本市各级国家机关应当按照规定的时限要求，登记、受理、转送、办理人民建议，并对具有价值的建议予以充分吸纳、落实。"所谓"有价值"就是切实反映人民的利益和意志，这一要求对人民建议工作在全过程民主的各个环节中作出了方向性和品质性的规定，可以确保人民建议的质量。"全过程民主既是精英决策的过程，也是大众全员参与的过程。民主决策的好坏取决于大众政治参与的质量。民主决策是全过程民主在质上的基本衡量标准。……人类历史发展的过程表明，全过程民主的质量决定着一个国家的兴衰成败。"（张爱军，2021）可见，只有涉及人民根本利益的建议实质性被采纳才能提高人民建议工作的质量，其全过程民主的实质内容也才能得到体现。这一实质性民主的内容也反映在第13条关于人民建议的转化机制落实上。

5. 从程序和流程看，法规强调国家机关在办理、反馈和落实转化等全过程吸收民意、听取民意，尽可能发挥人民建议的作用、采纳人民建议的内容

这是全过程民主在程序和流程上的体现：

（1）反映在法规调整事项涉及的运作范围，人民建议征集的全过程受到本法规的调整。[2] 而在人民建议办理的程序上要充分体现出民主性，并具有约束力。[3] 据此规定，办理的过程要注意吸纳和落实建议，而且要求通过各种形式和途径听取建议并将其作为办理人民建议的参考依据。

---

[1] 《若干规定》第 8 条第 2 款　本市各级国家机关制定地方性法规、政府规章、规范性文件和作出重大决策，涉及社会公共利益和重大民生问题的，以及就人民群众反映集中的问题等主动征求、收集人民建议的，可以根据需要开展专项征集，并逐步实施目录管理。

[2] 《若干规定》第 2 条第 1 款　本市人民建议的征求、收集、接收以及处理等活动适用本规定。

[3] 《若干规定》第 11 条第 2 款　本市各级国家机关办理人民建议，可以采用座谈会、研讨会、听证会、实地走访等形式进行调研论证，邀请建议人、专家学者等参加；人民建议涉及两个或者两个以上国家机关职责范围的，应当邀请相关国家机关共同参加。相关调研论证形成的意见作为办理人民建议的参考依据。

（2）反馈形式的民主化。[1] 这种多样化和便捷化的方式可以确保人民建议能够获得相应的回应，而回应情况直接关系到公众是否会持续地热衷于征集建议工作。

（3）落实转化过程的民主化。这是全过程民主在人民建议终端环节上的实质性体现。[2] 据此，人民建议需要国家机关以多样化工作方式加以转化。

（4）该法规还规定了突发事件背景下人民建议的处理，突出突发事件期间人民建议的重要性和必须依法及时处理的原则。[3]

由此可见，人民建议在全过程中体现出回应性特点，有始有终。正如学者指出："全过程民主契合了新时代对人民民主的现实性、操作性要求，是新时代中国民主政治发展的重要内容。同时，说全过程民主是有效民主，也因为它是一种回应性民主，即能够有效回应人民的现实诉求，解决人民面临的现实问题，具体、现实地体现到人民对自身利益的实现和发展上来。"（罗峰，2021）上述环节和流程使得人民建议形成一个相对完整的建议闭环，避免了有建议无回音的情况。

6. 全过程民主的保障措施

为了确保人民建议征集全过程实现民意的通畅进出，法规规定了一系列保障措施。主要包括：（1）确立了表扬奖励制度。鼓励各级国家机关开展优秀人民建议评选并予以表扬，对有重要价值的建议，按照规定进行奖励。

---

[1] 《若干规定》第 12 条　本市各级国家机关应当通过下列方式及时反馈人民建议办理情况：（一）对于主动征求、收集到的人民建议，可以通过向社会公众发布征集情况的方式集中反馈；（二）对于日常接收到的人民建议，可以通过书面、电话、短信、网络等方式向建议人反馈；（三）其他反馈方式。

[2] 《若干规定》第 13 条　本市各级国家机关应当建立健全人民建议综合研判、转化机制，通过下列方式促进人民建议落实转化：（一）作为制定惠民、利民、便民工作举措的参考；（二）作为改进国家机关工作的参考；（三）作为地方性法规、政府规章、规范性文件和政策立、改、废、释的参考；（四）作为确定市、区人民代表大会常务委员会监督建议项目的参考；（五）作为各级人大代表提出议案、建议的参考；（六）作为国家机关的决策参考；（七）其他落实转化方式。

[3] 《若干规定》第 14 条　市人民建议征集办公室依托人民建议征集信息系统，及时、快速收集、转送、汇总、分析突发事件应急处置期间的人民建议，提高人民建议处理的时效性。

市、区人民政府及其有关部门应当对突发事件应急处置期间，人民群众反映较为集中、具有典型性的建议及时进行调查、核实、办理，加快人民建议转化为具体政策、措施的进程，切实回应社会关切。

（2）广播、网站等媒体通过新闻报道等方式，加大宣传力度，提高征集建议工作的社会知晓度和参与度，提升群众主体意识和参与意识。（3）加强人大常委会监督和人大代表的监督督促。《若干规定》第18、19条作了规定。（4）明确了联合督办和检查制度。这为人民建议征集工作贯彻全过程民主的思想提供了保障。

综上可见，“全过程民主”不仅作为一项立法目的写入《若干规定》，而且有一系列具体的机制体制明确其范围、内容、方式和环节，以确保其得以落实。

《若干规定》规定的人民建议征集制度最早确立于《上海市信访条例》第6条“各级国家机关应当建立、健全人民建议征集制度，并可以通过信访渠道，征集、梳理、分析信访人对社会公共事务提出的建议和意见”。可见，信访原是人民建议征集和办理的渠道之一，《若干规定》这一专门法规的出台，使原来附着于信访的制度独立出来，可以使人民建议工作更好地发挥作用。这一制度将促使民意更加充分全面地表达，这必将促使法规规章和规范性文件的质量极大地提高，从而从源头上预防和减少矛盾，这是一种防范社会矛盾的治本之策。

二、有待完善和探讨研究之处

《若干规定》这部地方性法规很好地将全过程民主体现出来，但也不可避免地仍有不足之处，有待进一步完善。据了解，在这部地方性法规征求意见中，各个基层立法联系点和社会各界还提出了不少建议，有些建议基于各方面因素的考虑目前尚未被采纳，仍有待进一步探讨和研究，具体如：

1. 完善立法目的排序的建议。有立法建议单位提出《若干规定（草案）》第1条[1]关于立法目的的排序不科学。建议本条次序和用词用语改为：“为了促进和规范本市人民建议征集工作，鼓励和引导人民群众建言献策，

[1]《若干规定（草案）》第1条（目的和依据） 为了贯彻落实“人民城市人民建，人民城市为人民”重要理念，坚持人民群众在城市建设和发展中的主体地位，保障其知情权、参与权、表达权、监督权，促进和规范本市人民建议征集工作，鼓励和引导人民群众建言献策，完善共建共治共享的社会治理制度，根据宪法和相关法律、行政法规，结合本市实际，制定本规定。

保障人民群众知情权、参与权、表达权、监督权，践行‘人民城市人民建，人民城市为人民’重要理念，落实人民群众在城市建设和发展中的主体地位，完善共建共治共享的社会治理制度，根据宪法和相关法律、行政法规，结合本市实际，制定本规定。”

其理由是原来排序有下列不足:（1）不符合全国人大常委会法工委《立法技术规范（试行）（一）》要求，其规定，“法律一般需要明示立法目的，表述为:‘为了……，制定本法’，用‘为了’，不用‘为’，立法目的的内容表述应当直接、具体、明确，一般按照由直接到间接、由具体到抽象、由微观到宏观的顺序排列。”《若干规定（草案）》原来的排序从宏观到微观再到宏观、从抽象到具体再到抽象、从间接到直接再到间接，不符合常规的排序规则。（2）不符合中央立法惯例。如《立法法》第 1 条、《监督法》第 1 条、《信访条例》第 1 条等关于立法目的的排序，都是遵循了前述规则。（3）不符合本市地方性法规第 1 条立法目的的排序惯例 。如《上海市信访条例》第 1 条、《上海市人民代表大会常务委员会规范性文件备案审查条例》第 1 条、《上海市红色资源传承弘扬和保护利用条例》第 1 条立法目的的排序等都遵循了前述规则。

2. 优化征集办公室职责的建议。其中一个立法联系点专家提出如下意见建议:《若干规定（草案）》[1] 第 4 条存在以下缺点:（1）本条条标与内容不吻合。条标为“办理机构”，但本条内容体现不出市、区两级人民建议征集办公室具体办理人民建议工作，建议条标改为:“指导监督协调机构”。《若干规定（草案）》规定的该机构的具体职责没有显示出“办理”的职责。（2）建议市、区人民建议征集办公室至少部分保留办理具体人民建议征集方面的职责。理由是，其一，如果人民建议征集办公室不再具体办理人民建议工作，不利于人民建议办理工作的顺利开展。多年来上海市信访办、区信访办一直直接办理人民建议征集工作，现在设立了专门的市、区人民建议征集办

[1] 《若干规定（草案）》 第 4 条（办理机构） 本市建立市、区两级人民建议征集办公室，负责组织推动、协调落实本市人民建议征集工作，研究拟订人民建议征集工作规划、计划，研究解决人民建议征集工作中的突出难题，指导督促各级人民建议征集工作机构开展人民建议征集工作。

公室，反而不办理具体的人民建议工作，可能影响此项工作的质量。其二，人民建议征集工作在各个国家机关落实特别是采纳并不容易，而保留人民建议征集办公室办理人民建议的职责，可以弥补各个机关分头办理效果不好的不足。其三，《若干规定（草案）》第 14 条第 2 款规定“市、区人民政府及其有关部门应当对突发事件应急处置期间，人民群众反映较为集中、具有典型性的建议及时进行调查、核实、办理，加快人民建议转化为具体政策、措施的进程，切实回应社会关切”。其中所指的“市、区人民政府”所承担的调查核实办理等职责实际上是由市、区人民建议征集办公室来承担的。既然后文确立了此项职责，应当在规定其职责的第 4 条作出明确规定更为科学合理。

3. 斟酌用词用语的建议。《若干规定（草案）》第 6 条规定：“负责人民建议征集的工作机构，按照各自职责，依法开展下列工作：……（二）征求、收集、接收、处理人民建议；……。”嘉定工业区立法联系点建议将第二项“处理人民建议”单独列为一项，改为“向所在国家机关提出人民建议采纳与否的处理建议”，因为“处理权”属于所在机关，而“负责人民建议征集的工作机构”只是内设机构，没有最终的定夺权。

4. 增加防范国家机关之间推诿责任相关措施的建议。《若干规定（草案）》第 11 条规定[1]的内容不足以防范国家机关之间都不负责的现象发生。有学者向立法机关提出，为了防止出现相关国家机关对人民建议办理上发生推诿现象，建议增加明确相关办理主体的责任，作为第一、二、三款，内容设计如下：“各级国家机关在其法定职权范围内，受理和办理人民建议。”“涉及两个或者两个以上机关职责范围的人民建议事项，由首先收到该建议事项的机关受理并牵头办理；受理有争议的，由其共同的上一级机关指定办理或者直接办理。”“人民建议涉及多个国家机关和单位职权职责事项，

[1] 《若干规定（草案）》第 11 条（建议处理） 各级国家机关应当按照规定的时限要求，登记、受理、转送、办理人民建议，并对具有价值的建议予以充分吸纳、落实。

各级国家机关办理人民建议，可以采用座谈会、研讨会、听证会、实地走访等形式进行调研论证，邀请建议人、专家学者等参加；人民建议涉及两个或者两个以上机关职责范围的，应当邀请相关部门共同参加。相关调研论证形成的意见作为办理人民建议的参考依据。

难以确定受理和办理主体的，由市、区人民建议征集办公室可以直接受理或者指定办理主体。”[1]

5. 增加对办理机关反馈意见不服的监督权利的建议。《若干规定（草案）》第 12 条规定[2]的内容没有给建议人就反馈的意见建议的做法提供监督的权利。考虑到实践中，有的国家机关为了避免加重工作负担，对有价值的人民建议不愿意采纳，为此有学者建议增加下列措施，给建议人和人民建议征集办公室增设监督方面的职权：“建议人认为具有重大价值的建议未被有关国家机关采纳的，可以向市、区人民建议征集办公室反映。”“增加这一款的目的是发挥市区人民建议办公室的监督督查功能，防止一些单位不负责任。”[3]

6. 增加对人民建议落实转化监督措施的建议。《若干规定（草案）》第 13 条规定了落实转化的 7 种途径“各级国家机关应当建立健全人民建议综合研判、转化机制，通过下列方式促进人民建议落实转化：……”，但缺乏相应的监督措施，为此有居民提出建议增加下列内容，以促进人民建议征集的转化：“市、区人民建议征集办公室可以对各级国家机关落实转化的情况提出建议和督查。对于涉及本区域重要、复杂、疑难的人民建议的转化进行指导、协调和督查，可以根据情况，直接决定办理相关建议的转化。”[4]

7. 增强表扬奖励刚性强度的建议。《若干规定（草案）》第 16 条规定：“鼓励各级国家机关开展优秀人民建议评选并予以表扬，对具有重要价值的建议，按照国家和本市有关规定予以奖励，奖励经费纳入相关工作经费。”有居民建议删除“鼓励”，在“各级国家机关”后增加“应当”。这样强化国家机关的表扬奖励的责任。

---

[1] 参见上海市人大常委会嘉定工业区立法联系点上报上海市人大常委会法工委的征求意见。2021 年 6 月。

[2] 《若干规定（草案）》第 12 条（建议反馈） 各级国家机关应当通过下列方式及时反馈人民建议办理情况：（一）对于主动征求、收集到的人民建议，可以通过向社会公众发布征集情况的方式集中反馈；（二）对于日常接收到的人民建议，可以通过书面、电话、短信、网络等方式向建议人反馈；（三）其他反馈方式。

[3] 参见上海市人大常委会嘉定工业区立法联系点上报上海市人大常委会法工委的征求意见。2021 年 6 月。

[4] 参见上海市人大常委会嘉定工业区立法联系点上报上海市人大常委会法工委的征求意见。2021 年 6 月。

8. 增加督办检查效力的建议。《若干规定（草案）》第 20 条规定[1]确立的督查检查制度效力较弱。有学者建议在第 1、2 款最后的“检查”后均增加“考核”。把督办检查和考核结合起来，各个国家机关会更重视人民建议征集工作。

除此之外，还有其他一些建议未被采纳。

三、总结

综上，本法规为将全过程民主的思想融入到人民建议工作过程中提供了地方性法规依据，是全过程民主的地方立法尝试，取得了很多重要突破。其中设置的不少机制为下一步开展此项工作提供了直接依据。当然，该法规仍有待不断完善。“全过程民主也是回应式民主。全过程民主从效果论来说，要具有回应性，没有回应性的民主是不健全的民主。……回应式民主是全过程民主的运作形态之一，主要体现在对人民群众的政治诉求、经济诉求、社会诉求具有充分的回应性。回应式民主政治输入与政治输出的良性互动过程也是精英与大众良性互动的过程。在这个过程当中，回应式民主能够不断优化公共决策，使公共决策不断体现民主性和以人民为中心的政治伦理。”（张爱军，2021）毕竟一部全新的地方性法规的实施效果需要一个过程。我们期待，在该法规实施几年取得成功经验的基础上，吸取更多完善建议，推动法规的持续健全完善。

参考文献：

高奇琦、杜欢，2020，《智能文明与全过程民主的发展：国家治理现代化的新命题》，《社会科学》第 5 期。

[1] 《若干规定（草案）》第 20 条（工作督办检查） 市、区人民建议征集办公室会同相关督查部门定期开展人民建议联合督办，对市、区人民建议征集工作情况进行检查。

各级国家机关依法加强对本部门和下一级国家机关开展人民建议征集工作情况的检查。

罗峰，2021，《全过程民主的理论逻辑与时代内涵》，《理论导报》第4期。

习近平，2019，《中国的民主是一种全过程的民主》，11月3日，https://www.ccps.gov.cn/xtt/201911/t20191103_135416.shtml。

张爱军，2021，《全过程民主的范围与限度》，《天津行政学院学报》第3期。

理论视野

朱力　深化与完善矛盾纠纷多元化解决机制

陈剑　公开：国家治理体系和治理能力现代化的要义之一

深化与完善矛盾纠纷多元化解决机制

□ 朱力 *

摘要： 21世纪以来，随着社会转型的深化，利益格局的变动，个体矛盾与社会矛盾从数量上不断增长，从形式上不断变化，性质上不断复杂，而单一的以行政为主体的矛盾解决机制已经远远适应不了现实的需要，在这一社会需求下，矛盾纠纷多元化解决机制应运而生。它是一个矛盾主要依赖行政处理到协同治理、综合治理、依法治理、源头治理的思路改变过程，与传统管理相比，矛盾多元化解决机制更加强调的是政府与社会各界力量互动，更加强调采取协商民主的方式，达成解决矛盾的共识，统筹协调各种资源、力量共同处理矛盾。

关键词： 深化　完善　矛盾　纠纷　多元化　解决机制

《中共中央、国务院关于加强基层治理体系和治理能力现代化建设的意见》中指出："健全乡镇（街道）矛盾纠纷一站式、多元化解决机制和心理疏导服务机制。"这一目标的实现，将会构筑我国矛盾多元化解决机制的社会基础。

一、矛盾多元化解决机制的内涵

矛盾多元化解决机制的产生，可以从下述几个方面来理解：矛盾源的多元化。20世纪末就存在下岗失业、劳资纠纷、企业改制、历史遗留等社

* 朱力，南京大学社会学院教授、博士生导师。

会矛盾，存在婚姻家庭、邻里纠纷等人际矛盾。21 世纪初，伴随着我国的城市化、工业化的快速发展，上述矛盾并没有彻底解决，新产生了征地拆迁、环境污染、土地流转、民间借贷、非法集资等矛盾；随着家庭财富增长，社会政策的改变，新产生了交通事故纠纷、医患纠纷、物业纠纷等人际矛盾。这些矛盾从性质上来看，主要是一种利益纠纷或者权益纠纷，也有部分是情感纠纷。矛盾的主体有个体对个体，有个体对群体，也有群体对群体的。不仅仅是矛盾的根源多元化，矛盾的类型也是呈现多样性，这需要多元化的方式来处理不同性质与不同类型的矛盾。

群众处理矛盾方式的多元化。通过我们调查发现（朱力、袁迎春，2020）：一是制度化的，群众通过找派出所、打官司等司法路径，通过信访、行政复议、行政裁决等行政路径解决矛盾；二是半制度化的，通过找社区干部、人民矛盾调解员或通过各级矛盾调解中心，通过群众团体、社会组织、专业矛盾调解机构、媒体等解决矛盾；三是非制度化的，良性的是通过亲朋好友、乡贤、同乡会的民间调解，或矛盾双方自行解决。非良性的是通过自我救济的方式，采取上网、找媒体曝光，甚至不惜采取集体上访、缠访、闹事等极端手段，达到自己的目的。当前各类矛盾的化解主要是在制度的框架内加以解决的，但仍有相当部分人会采取过激手段来应对，合理合法手段与不合理不合法手段交织在一起。

矛盾化解主体多元化。社会转型前的矛盾化解主体有三个：一是工作单位。每个人在工作单位中，产生的矛盾（包括家庭矛盾）由单位负责解决；居委会只承担辖区中没有单位归属的人际矛盾的处理。二是司法机关。单位解决不了的进入司法程序。通常由公安机关、法院进行调解，如果调解不成功，进入诉讼程序，矛盾处理主体就是法院。三是国家行政机关，这是集体或个人与政府的矛盾，进行行政调解、行政仲裁、行政复议，矛盾处理主体是国家行政机关。社会转型以后，产生了新的矛盾化解主体，一是基层社区。由于“单位人”转变为“社区人”，基层政府街道（乡镇）、社区（居委会、村委会）成为解决矛盾纠纷的主要力量。二是社会组织。如行业协会、商会、同乡会等，也有新产生的化解矛盾的专业机构，如政府购买服务的医患矛盾调解机构、交通矛盾调解机构等。三是社会力量。一些社会贤达、专业人士（律师）、社会舆论机构（新闻媒体）、心理咨询者、志愿者等。这些不同的矛盾化解主体，所运用的手段、解决矛盾的机制是不尽相同的。各个矛盾化解的主体有着各自的运作机制与节律。

社会矛盾化解机制的多元化。与矛盾化解主体相对应，可以形成四大机制。第一是司法判决机制。司法机构解决矛盾冲突的工具是法律规范，它以强制力为后盾，以法律为标准，对矛盾双方进行判决。对矛盾冲突胜诉的一方，起到了化解作用。但司法败诉的一方，认为矛盾依然没有解决。法律规则无疑是化解矛盾的底线，但司法化解不能够解决所有的矛盾，只能解决一些最尖锐的矛盾，而且使用时成本较高、效率较低。第二是行政仲裁机制。以国家行政机关为主体，以行政规范为标准，运用行政措施（如调解、仲裁、复议）解决。行政化解也具有强制性，不适宜解决复杂的矛盾纠纷。第三是社会调节机制，或者称社会化解机制。以社会组织、专业性矛盾化解机构为主，以社会的道德规范、行业规范为主要标准，通过对矛盾双方的调解，或者矛盾单方的劝解为手段的社会化解机制。第四种是社区化解机制。以基层政府、社区自治组织为主，基层政府以法律、行政规范为标准，对矛盾双方调解与处理，社区更多地以情、理、义、法为标准，侧重道德规范、乡规民约为主的社区矛盾化解机制。社会力量不是具体的实体组织，它要依附在具体的社区、某个社会组织上才能发挥作用，因此它不是独立的矛盾化解机制。社会化解机制与社区化解机制其背后有着历史文化传统、社会心理习惯和公众认同的强大的文化氛围，是一种低成本、高效率的化解机制。多元化矛盾化解机制形成，需要在司法机制与行政机制以外，能够接受、容纳社会化解机制与社区化解机制。社会矛盾处理中，要对各种矛盾化解机制进行整合，协同运用这几种机制，使它们共同发挥作用。在基层的矛盾化解中，要对非制度化的，但是行之有效的诸多矛盾化解方式进行总结提升，要善于利用道德规范、地方自治规范、市民公约、行规、团体章程、村规民约等社会性、地方性、民间性的柔性规范为主的化解规范，并在法规的基础上，通过情、理、义等手段调解矛盾。另外，民族习惯、宗教文化中也有许多倡导和平、宽容、妥协的内容，可以作为化解矛盾的借鉴。司法机制、行政机制具有刚性的特征，社会机制、社区机制更具有柔性，更加重视道德、人情，通过晓之以理，动之以情，知之以义，可以钝化大多数矛盾。

因此，社会矛盾多元化解决机制，是指在各级党和政府的领导下，在政法委的实际指挥下，将化解矛盾的各方面主体有机调动起来，将化解矛盾的相关要素有机组合起来，运用各种化解矛盾的方式，形成一种稳定的合作（协同）关系与有节律的活动模式。就是要综合运用政治、经济、行政、法律、教育等多种手段，运用情、义、理等多种解决方式，使得在矛盾解决的过程中，各矛盾解决主体能够统一协调、功能互补、程序衔接、良性互动。就是要构筑起“党政领导、综治牵头、司法推动、部门参与、社会协同、法治保障”的矛盾纠纷多元化解决工作体系。使得矛盾纠纷以最适合的方式得到及时有效解决。

二、矛盾多元化解决机制的现状与问题

解决了矛盾多元化解决机制应该协调一致运行的理论后，在实践上如何使之有效率的运行，就提到了议事日程上来。矛盾多元化解决机制，涉及诸多的因素，可以从制度、政策、机构、队伍、资源、运作机制等不同的角度来认识，它是一个复杂的系统。随着社会治理的质量提高，治理网络的覆盖，矛盾多元化解决机制开始发挥作用。我国无论是社会矛盾还是个体矛盾呈现出逐步下降的趋势。如果直口断言我们已经度过了矛盾高发期，这种判断过于乐观的话，我们可以说，矛盾的上升期已经开始趋于平缓，甚至开始缓慢下降。主要表现在：

矛盾化解的顶层设计已经形成。面对新时期的个体矛盾与社会矛盾，社会管理者已经心中有数，治理有方。矛盾化解的系统性框架已经形成，各地不同层级的矛盾调解中心建立，有了专门调解矛盾的队伍。矛盾调解的规则、程序逐步制度化，基层治理体系已经形成网格，矛盾多元化解运作的机制开始起作用，使得在基层发生的大多数矛盾能够及时地被排查到，及时将矛盾化解在萌芽之中。一些经济发达、社会治理水平较高的先进地区，矛盾

的化解率达到很高程度。我们走出了“摸着石头过河”的探索时期，进入制度化治理矛盾的阶段，使矛盾化解的效率大幅度提升，大量的社会不稳定因素得到化解。

法治思维获得普遍认同。持续的法治教育的普及深入，逐步教育了广大国民，产生了依法治国的健康的社会精神氛围。政府依法行政理念逐步深入，在干部队伍中形成了依法办事的思维习惯，违法乱纪行为大幅度降低。群体对于法律有了新的认识，以法律为准绳作为判断事物对错的标准，逐步深入人心。群众需要解决矛盾时的主要路径依赖是人民调解、司法调解，调解成为群众认同并实践的化解矛盾的主要路径。有了矛盾寻找矛盾调解中心，调解不行再通过司法途径解决，成为群众解决矛盾的主要步骤。这些都是在法律的规则内解决矛盾。依法治国的社会文化基础日益厚实。

重大矛盾与极端矛盾逐步下降。社会矛盾爆发的标志是群体性事件，近年来群体性事件数量逐年减少。引发群体性事件的矛盾源主要是以征地、拆迁、劳资、环境、历史遗留问题为主。这些矛盾源通过基层党委政府的努力，对实施的对重大政策、重大项目进行社会风险评估机制，有效地预防了许多可能侵犯群众利益，引发社会风险的矛盾。对征地、拆迁的公开透明、依法依规的程序化运作，让群众知道内情，环境评估的公开透明，也减少了大量的邻避效应。对历史遗留问题，地方政府通过适当的补助、思想教育、心理疏导，多数矛盾有所缓解。开始用制度化方式化解矛盾源，有效地避免了新的矛盾的产生。可以说，现在的重大矛盾主要是存量矛盾。

社会治理的核心议题就是维护社会稳定，它最核心的因素是化解社会矛盾，以往我们在社会治理中对容易引发群体性事件的重大矛盾十分关注，这无疑是正确的。因为群体性事件参与的人数多，对社会秩序的冲击强度大。但近几年来，民事纠纷转化为刑事伤害案件较多，甚至出现一些个体性极端事件。这主要是由家庭内部的婚姻情感纠纷、邻里纠纷所引发的。特别是在网络时代，将少数极端矛盾事件放大造成了恶劣的社会影响。我们在防范上要对社会矛盾与个体矛盾并重。应该承认，随着我国经济转轨、社会转型不断深入，带来的矛盾风险和挑战之多前所未有，共建共治共享的社会治理格局还没有全面形成，一些基层和农村地区的社会治理还不完善。

矛盾化解的理念方面。预防性工作是社会治理的基础性工作，它取得的成效短时间内看不出来，但它的实际效果比矛盾爆发后再处理效率要高得多。预防性的工作，它是一项深入持久的日常性工作，需要投入大量的人财物。不少地方执政者出于政绩考虑或过于繁忙，对于一些属于社会治理预防性的事务不太重视也不愿意投入，如对社区建设的投入、社会组织的培育、社工队伍的建设、心理咨询的推动、社会力量的合作、人民调解员工作的支持等不太重视。当管理者思想认识中社会预防的理念不到位时，会以为这些工作不是当务之急，可以暂时放到一边。在缺乏预防观念的地方，通常是基层治理体系存在漏洞，是社会治理的薄弱地带，也是矛盾丛生而化解不力的地方。

矛盾化解机制方面。当前各地建立的矛盾多元化解决机制，更多地是停留在职能部门的联席会议上，没有落实在每个案件的预防和化解上。常常见到在具体的矛盾化解中，牵头单位不明晰，主体责任不明确，部门机构间相互推诿。由于缺乏统一的矛盾纠纷排查信息流转平台，缺少矛盾化解的工作协作机制，各部门之间，部门与基层、社区之间各自为战，多元化矛盾化解机制有框架但各种力量与资源没有真正形成合力。在对极端矛盾案件的剖析中发现，多元化解主体有不少是缺席的。如有些人际矛盾平时隐藏着，社区没有排查出来，突然爆发时直接到了派出所，但派出所对矛盾有调解但没有化解，派出所与矛盾调解中心、社区、司法机构的信息并不沟通，矛盾尽管调解处置了，但没有解决。信息沟通机制与日常工作机制在大多数地区耦合度不高，有的社会治理薄弱地区甚至没有实质性的、有机性的运作，只是在矛盾爆发后到派出所解决。

矛盾化解队伍方面。党的十九届四中全会决定推进国家治理体系和治理能力现代化，按照这一要求，我国中、西部的有些地区，不仅经济相对落后，社会治理体系也相对薄弱，基层干部治理能力也有较大的差距。特别是在农村这一差距特别明显，相当部分地区受到经济的制约，村（社区）网格员队伍不全不稳定、能力不足、专业化职业化程度不高。如有的村，村干部仅占居民人数的千分之一、没有专职网格员，在扶贫驻村干部离开后，后续相关力量跟进不足。村干部的补助费用也很低，使他们无法安心工作。整体上村（社）基层社会治理能力薄弱。不少地区至今还没有社会组织、社工队伍、心理咨询组织。群众组织没有有效发挥作用，如妇联工作只树典型不解决落后妇女的陈旧观念。社会力量没有培育起来，依然处于行政治理的单打独斗状态。

矛盾排查对象方面。基层矛盾纠纷多元化排查化解机制不健全，不少矛盾纠纷特别是家庭、婚恋、邻里等矛盾纠纷得不到有效发现和化解。在大量“民转刑”的矛盾案件中，主体往往是一些生活失意、家庭失和、情绪失控、行为失常、务工失业等经历生活挫折较大的人员，这些人以往没有劣迹表现出来。在很多极端矛盾冲突中，主体通常是大龄单身汉、入赘女婿、再婚家庭、女方过于强势、邻里矛盾久调不和的家庭，调解未化解、案结事未了，为后续矛盾升级留下隐患。特别是对低学历、低收入、低情商、婚恋受挫、债务缠身、性格孤僻等人员，这部分人不是公安机构排查的传统对象，却具有隐蔽性，不容易发现，但是一旦爆发，往往引发“民转刑”案件、“刑转命”案件。特别是经济下行压力加大，社会焦虑、压抑心理突出，人际矛盾容易恶化。我们要将这些新的对象纳入到排查视野中。

法治教育方面。有的地区法治宣传教育满足于标语、墙报、广播、口号，群众没有从内心认同。没有满足群众的需要，群众知道矛盾可以通过司法途径来解决，但如何打官司、如何请律师、如何准备材料，在操作层面不清楚。在人际矛盾演变升级过程中，多数犯罪嫌疑人知道派出所、法院是解决矛盾的机构，但不知道司法所、社区、妇联也可以调解，嫌疑人寻求公权力救济途径单一；他们也希望走法律的途径，但具体却不知道程序怎么走。当发现要收集证据、花费金钱、时间较长时，就放弃了走司法途径。群众在司法的路径中，诉求的表达与权益的维护，还存在诸多的困难。普法教育的质量还不高，有很大的提升空间。

三、完善矛盾多元化解机制的对策和建议

在最新的顶层设计中，要求“增强乡镇（街道）平安建设能力。坚持和发展新时代‘枫桥经验’，加强乡镇（街道）综治中心规范化建设，发挥其整合社会治理资源、创新社会治理方式的平台作用。完善基层社会治安防控体系，健全防范涉黑涉恶长效机制。健全乡镇（街道）矛盾纠纷一站式、多元化解决机制和心理疏导服务机制”。

在建设矛盾多元化解决机制方面，需要做三大基础性工作：

一是树立大预防理念，提升矛盾多元化解决机制的耦合程度。大预防是指在某个矛盾积累过程中，矛盾化解主体通过瓦解矛盾生长的社会条件，阻止矛盾的发展。我们讲的大预防，是从社会治理的整体系统讲的，主要是指不让矛盾发生与在矛盾发生的初始阶段的预防与化解。这就需要民生部门（人社、民政、教育、卫生等）有效地解决民生问题，从源头上减少矛盾产生；一旦产生了矛盾的萌芽，基层（街道、社区）与社会（专业矛盾调解机构、人民团体、行业协会、社会组织、媒体、志愿者等社会力量）就要进行干预；而矛盾有所激化时，相关部门（政法委、司法行政、公检法、信访）就要处理，在矛盾发展的各个环节上让其化解，不要让矛盾激化。总之，各个部门要跳出单靠自己预防的思想，树立大预防的整体思维方式，要积极推动建立操作层面的信息沟通机制和协同工作机制。形成在党委、政府领导下，建立政法委牵头，各部门、各单位各司其职、各负其责，发挥社会调节、居民自治的作用，用多元化的方式去预防与化解矛盾，形成齐抓共管的矛盾治理新格局。在矛盾多元化解决机制中，党委政府是指挥，政法委是领唱，各职能部门、社区、社会组织、社会力量是合唱。

二是加强基层社会治理的投入，发挥社会调节作用。社区也是各种治理主体与治理对象的集合点，也是矛盾多元化解决机制的纽结点。社区工作者、网格员的责任性、工作积极性及工作方法，直接关系到社区治理的精细化程度，关系到能否尽早发现矛盾，防微杜渐。笔者在最近的调查中发现[1]，中西部地区受到经济条件的限制，社区工作者、网格员许多人只是兼

[1] 2021 年 7 月，笔者赴贵州的黔西、独山，广西的融安、兴业、北流五地，与当地处理矛盾的政府相关部门、当地街道、社区干部，进行了 10 场座谈会，了解当地处理社会矛盾的情况。

职，收入较低，无法把精力集中投入到社区治理中。按照社会治理能力的现代化对干部队伍治理能力的要求，经济落后地区的基层治理体系十分薄弱，许多基层干部在治理能力上有比较大的差距。建议对经济落后的地区，在基层治理方面要做些投入与经费保障，切实解决基层组织人员收入较低和经费困难问题。对社区工作者、网格员的工作待遇要做一些深入的研究和科学的测算。针对基层治理力量薄弱，建议建立在职党员到居住社区报到登记制度，充实基层社会治理力量，积极投入到矛盾化解、治安防控中。经济不发达地区，社会组织发育程度低，建议政法委推动当地政府以购买服务的方式，帮助这些地区的社会力量的发育成长，参与矛盾纠纷排查化解工作。建议妇女联合会，在进行家庭美德教育同时，重点教育帮助思想落后的妇女，改变千百年来女性理所当然的依赖男性供养的陈旧习俗，要加强女性“三观”教育，从女性方面减少矛盾源泉。建议卫健部门组织心理咨询专业人员进乡村、进社区，设立村（社区）心理咨询室，对性格偏执、行为失常的重点人员，针对性地予以心理援助疏导。面对社会需要大量心理咨询工作者，有关部门不应该废除心理咨询师考核，而是规范资格考核。健全社会心理服务体系，完善社会矛盾问题疏导机制和危机干预机制，充分发挥心理咨询师等专业人士在矛盾纠纷调解中的作用。

三是提升普法教育质量，推动群众参与治理。运用法治思维和法治方式推进基层社会治理，深入推进“民主法治示范村（社区）”建设，基本建成覆盖城乡、便捷高效、均等普惠的现代公共法律服务体系；加强道德建设，倡导村（社区）制定村规民约，挖掘传统道德文化资源，重视家庭、家教、家风建设，发挥道德楷模的示范作用，借助乡规民约监察、矛盾调解等德治组织的力量治理道德失范的典型问题。深入推进普法工作，提高国家公务人员的法治素养，自觉依法行政；把犯罪预防的方式方法、人际关系矛盾化解的途径与方法等内容纳入法治教育内容。通过群众喜闻乐见的方式开展法治宣传，进一步提升普法的实效性，引导群众养成用法治思维解决矛盾纠纷的良好习惯。普法宣传教育要提高质量、深入人心。建议加强农村道德建设和普法宣传，使“尊法、守法、学法、用法”深入人心。普及法律时不仅要讲违法的后果，更要讲如何使用法律来维护自己的权益。通过“三官一律”、免费咨询等方式，让群众知道如何使用法律，如何打官司。建议对基层矛盾调解员进行系统的司法培训，掌握矛盾排查与调解的方法与技巧。把各地好的经验做法，转化为生动案例教育。选取群众身边典型案件开展公开审理和现场说法教育工作。通过剖析倒查矛盾激化的恶性案件，让基层民警、司法工作人员、社区干部、人民调解员有所了解，让他们提高警惕性，切实在调解家庭、婚姻、邻里等矛盾中引以为戒。推动社区的自治、法治、德治“三治融合”；加强群众自我教育、自我管理、自我监督，组织群众学习法律法规，落实基层民主协商制度，规范村（社区）事务公开，提高社区治理水平。在村（社区）大力发展草根型调解组织，发挥“五老”人员（老党员、老干部、老模范、老教师、老退伍复员军人）、乡贤、农村知识分子的社会作用，参与基层矛盾纠纷排查化解工作，运用情、义、理等人际沟通的手段，化解面广量大的基层人际矛盾，发挥居民自治的作用。

在社会治理的总体布局中，在总结先进地区经验的基础上，政府各部门在提升多元化矛盾解决机制的建设中，可以从四个方面的日常工作做起：

（一）建构通畅的利益诉求表达渠道，开启社会安全阀

疏通信访诉求表达渠道。推广“阳光信访”系统，严格落实“一网通办”要求，及时将群众的信访诉求录入系统、网上流转，实现线上、线下联动；整合职能部门资源，推广多部门“一站式联合接访平台”，简化信访办理程序，加强部门之间会商，集中解决信访问题，实现“一站式接待、一条龙办理、一揽子解决”。完善初信初访首办责任制，认真对待初信初访，明确解决方案和时限，提高初信初访的按期办结率，努力实现“最多访一次”目标。加快推进“互联网 + 大数据 + 信访”的新模式，利用技术手段分析研判网上信访信息。推进“网格管理综合服务系统”与“阳光信访信息系统”“网格化社会治理平台”深度融合，实现精细化管理、精准化服务。

尝试“两代表一委员”联系群众制度。完善联系群众的工作平台和网络平台，设立“两代表一委员”群众工作站（联络站），实行定期接访制度，听取群众的意见建议并登记整理，能答复的当场答复，无法当场答复的将群

众意见建议转交有关职能部门办理，及时反馈办理、答复情况。定期开展“两代表一委员”视察调研活动，走访乡镇、街道、村居、企业，及时掌握群众诉求。让“两代表一委员”由每年发挥一次作用到日常发挥作用。

推动“大走访”活动常态化。健全党员干部与困难群众帮扶结对工作机制，持续开展干部进村入户、进园入企活动，深入一线基层开展政策宣传，收集民情民意，倾听群众呼声，梳理民情民意中的问题清单。完善问题交办流程，及时回应群众诉求，着力解决群众最困难、最忧虑、最急迫的热点难点问题，并做好问题督办追踪，及时向群众反馈、答复。

发挥政务新媒体联系群众功能。树立“互联网+政务”的思维，建设好、维护好、利用好“两微一端”（政务微博、政务微信、政务客户端）等新媒体平台，妥善处理重要舆情事件。发挥政务新媒体收集社情民意的功能，主动与网民互动沟通，鼓励网民通过政务新媒体反映问题，提出意见、建议，规范公众提问答复程序。构建线上线下联动机制，确保职能部门及时解决网民反映问题，及时反馈意见建议答复情况。

（二）强化矛盾的搜索排查，完善社会风险预警

加强矛盾纠纷排查。坚持和发展新时代“枫桥经验”，立足发现在早、防范为先、化解在小，从源头上预防和减少矛盾发生。围绕重点领域、重点问题和重点人群，强化动态排查管理，采取集中排查与分散排查相结合、重点排查与“拉网式”排查相结合的方式，在重大节假日、重要活动和敏感时期实行日排查制度。充分发挥网格员在发现矛盾萌芽、报送重要矛盾信息、关注重点人员动态的作用。针对排查发现的问题，及时反馈到相应责任单位，尽早采取有效措施进行化解，切实做到矛盾纠纷预防在先、发现在早、处置在基层。在一些家庭婚姻矛盾、邻里纠纷严重的地区，建议当地政法委牵头，充分发挥基层村居委会和社区网格员作用，细致排查家庭婚恋邻里等矛盾纠纷的潜在风险，坚持一事一策，逐一跟踪化解。矛盾冲突者报警的时候，警方一方面要调解矛盾，也要向他们介绍化解矛盾的其他机构与其他方法。改进派出所信息只向上传递不向下传递的工作盲点，建立新的上下双循环信息沟通机制，在派出所警情风险研判小组对处理的案件经过风险评估

后，对有可能出险的信息，在向上报给综治委的同时，横向报给街道、司法所、妇联等，向下报给居委会、村委会。这种信息推送是即时的工作信息推送，有利于提醒其他部门、社区共同介入矛盾化解工作。基层派出所要与当地的矛盾调处中心紧密沟通合作，可以转案到矛盾调处中心，减少群众反复、重复寻找各个部门，方便群众。公安部门在110报警平台基础上，主动与各地信访平台、基层社区网格管理平台、人民法院民调平台整合。实现矛盾纠纷“一站式接待、一条龙调处、一揽子化解”。

加强矛盾纠纷研判预警。完善信息报送制度，定期报送矛盾纠纷信息，落实突发矛盾纠纷信息随时报告、无矛盾纠纷“零报告”制度；定期召开矛盾纠纷分析研判联席会，矛盾纠纷比较集中的单位及时按需召开；聚焦矛盾纠纷易发领域和地区，定期对本地区矛盾纠纷进行预测，落实预警研判反馈机制，及时向党委政府和政法委、信访、公安部门提供研判预警报告。并建立向下到社区的通报渠道，让社区尽早介入，提前制定好应对措施。密切关注国际国内重大事件对企业的影响以及由此可能引发的不稳定因素或事端，当前要密切关注非法集资、互联网诈骗等涉众经济类案件，做好预警防范工作，防止此类案件向社会领域和政治领域传导。

落实社会稳定风险评估制度。完善第三方评估机制，提高风险评估的科学性；完善稳评专家库，制定专家库管理办法。凡是涉及广大群众切身利益、可能产生社会风险的重要决策、重大项目，做到应评尽评，实现社会稳定风险评估全覆盖，作为决策的重要依据和重大项目审批的前置条件。通过社会稳定风险评估，对重要决策、重大项目“合法性、合理性、可行性、可控性”进行分析，科学预测潜在的社会风险，提前做好社会风险应急预案；加大信息公开力度，通过完善公示听证、专家咨询、合法性审查、新闻发布会等机制，拓宽公众参与决策的渠道，保障公众的知情权、参与权、决策权和监督权，有效规避决策不当带来的社会风险。凡是群众反对意见比较强烈的决策，应当依法依规按照程序终止或修正；完善社会稳定风险评估责任和决策责任追究机制，对于社会稳定风险应评未评和决策实施中出现风险未及时调整造成重大影响的，应当追究相关负责人的责任。

（三）整合矛盾化解机构资源，运用多元化矛盾解决措施

完善综治中心（网格化服务管理中心）建设。坚持党建工作引领，加强镇（街道）综治中心党组织建设，将党组织和党建服务点设在网格。完善组织架构，提升综治中心、网格化服务管理中心（以下简称“两中心”）事业建制层级。坚持各类平台机构全面整合、系统融合的方向，推动力量整合、系统融合、工作联动。加快推进“两中心”一体化建设，推动人民来访接待中心、矛盾纠纷调处中心、法律援助中心、“智慧城管”中心、12345政务服务热线进驻“两中心”，协调公安、司法行政、城管、民政、市场监管、人社、信访、法院等单位力量入驻，完善诉调、警调、检调、专调、访调“五调”联动工作机制，实现信访矛盾、群众诉求一窗受理、一网通办、一站解决。整合多部门信息化系统管理端口，打造一体化的信息系统和综合指挥平台。全面建成市（县）区网格化联动处置平台，构建指挥顺畅的联动处置机制。

坚持诉讼和非诉讼有机结合。整合行政资源、司法资源、社会资源，推动调解、仲裁、行政裁决、行政复议、诉讼等各种机制的整体互动、有机衔接，积极探索以购买服务、项目外包、保险等市场化方式化解矛盾。健全人民调解网络，完善人民调解工作室建设，提高人民调解水平；在企事业单位建立矛盾纠纷调解组织；鼓励群众威信高、经验丰富、调解成功率高的调解员建立以个人名字命名的调解工作室，打造调解工作品牌，扩大人民调解的权威性、影响力。根据涉企、涉农、涉地、涉房、涉法、涉教等不同类别，成立由行业组织牵头的调解组织，参与化解行业、专业领域的常见矛盾。完善诉调对接、警调对接、交调对接、医调对接和访调对接等衔接机制，加强调解组织与相关部门联动，形成治理社会矛盾的合力。发挥行政复议和仲裁的解决纠纷功能。健全行政复议委员会建设，吸纳人大代表、政协委员、律师、专家等成为行政复议委员会委员，提高行政复议的中立性、透明度；完善行政复议立案登记制，设立行政复议便民窗口，提高行政复议的便利性；健全行政复议案件审理机制，压缩人为裁量空间，规范行政复议办案流程，提高行政复议办案质量，有效发挥监督纠错、权利救济、化解行政

争议的职能；推进行政复议受理、审查、决定的全流程公开，自觉接受社会舆论监督。健全仲裁工作机制，完善仲裁机构和仲裁专业队伍建设；在合同纠纷和财产权益民事纠纷等易发高发领域，积极引入仲裁法律资源，鼓励当事人采取仲裁方式解决纠纷，简便快速地解决简单的民事纠纷；不断提高仲裁案件办理质量，提高案件快速结案率、纠纷自愿和解调解率。

（四）加强矛盾“死结”化解工作，建立矛盾化解的终结机制

完善联动协作机制。构建上下联动的工作协作机制，实现信息互通、统一口径，阻止“膨胀式上访”与“死结”矛盾的反复上访。对于跨区域的信访积案，上级信访部门要搭建沟通平台，明确常住地政府和事发地政府之间的主体责任和配合责任。加强职能部门之间协同配合，有效整合资源，提高信访积案化解效率。引入心理工作者对有心理问题的信访人进行心理干预；邀请信访人党员亲属做好信访人的疏导工作，提高工作的实效性。

分类处置信访对象诉求。对老上访户的诉求进行仔细甄别，调查清楚事件来龙去脉，区别对待有理诉求和无理诉求；对于诉求合理合法的或有合理合法成分的，应当协调职能部门解决实际问题，维护当事人的合法权益；对于诉求不合法不合理且缠访闹访者，应当进入信访终结程序，做到不受理、不交办、不统计，有违法行为的依法处理，真正做到“诉求合理的解决问题到位，诉求无理的思想教育到位，生活困难的帮扶救助到位，行为违法的依法处理”。

加强高频矛盾积案化解。对于涉军、失独、拆迁、事改企等涉众型信访积案，坚持保障合法权益和打击缠访等违法行为两手抓、两手硬，应当保证稳定局面，积极向上级主管部门反映实际问题，推动有关部门完善落实政策，帮助他们切实解决实际困难，同时依法打击违法闹事、煽动聚集等违法犯罪人员。针对群体性纠纷和闹访缠访案例，积极发挥示范性诉讼的教育警示作用；发挥新闻媒体对社会矛盾剖析方面的积极作用，以反面案例教育、引导信访人员依法、理性表达诉求，发挥“判决一案、化解一片”的“截流效应”，切实维护好信访秩序。

落实信访终结制度。制定信访终结制度配套法规，提高强制手段的震

慑力，依法严厉惩戒非法上访行为，信访部门负责固定当事人违法证据，公安部门依法进行治安处罚或追究刑事责任，引导群众依法理性解决矛盾纠纷，扭转“不闹不解决、小闹小解决、大闹大解决”不良现象，让违法的无理闹事者付出必要代价。

参考文献：

朱力、袁迎春，2020，《我国居民社会矛盾的解决方式——基于全国9市调查数据的分析》，《中共中央党校（国家行政学院）学报》第2期。

公开：国家治理体系和治理能力现代化的要义之一

□ 陈剑 *

摘要：党的十八届三中全会提出全面深化改革的总目标是完善和发展中国特色社会主义制度，推进国家治理体系和治理能力现代化，意义重大。党的十九届四中全会通过了《中共中央关于坚持和完善中国特色社会主义制度 推进国家治理体系和治理能力现代化若干重大问题的决定》，明确了新时代推进国家治理体系和治理能力现代化建设的系列重大举措。要推进国家治理体系和治理能力现代化，秉承怎样的国家治理价值观十分重要。中国作为一个向现代社会转型的国家，推进国家治理体系和治理能力现代化，需要遵循人类社会发展规律，借鉴人类文明有益成果。其关键词不仅包括法治、公开等人类文明一些有益成果，也需要结合中国实际，例如党的领导等内容。只有在此基础上，推进国家治理体系和治理能力现代化，向现代国家转型才有正确的发展方向。本文就"公开"在国家治理体系和治理能力现代化的作用和表现形式进行了探索分析。

关键词：公开　国家治理体系　治理能力　现代化　要义

一、"公开"是公权力接受监督的重要途径

法治是国家治理体系和治理能力现代化的基本遵循。如果法治能够得到切实遵循，公开应当是常态。宪法规定，"中华人民共和国的一切权力属于人民"。这是宪法的本质规定。正是这一本质规定，决定了各级政府，包

* 陈剑，现代化研究学者，中国经济体制改革研究会特约研究员。

括其各级公务员，无论其职位多高，权力都是由人民所赋，权力也必须为人民服务。为了避免权力运行不当，为人民服务没有偏差，就需要对权力进行监督。而公开，正是监督权力的一种重要形式。正因为此，现代社会，一个民主国家（这是一个前提），政府只能是有限政府、责任政府、公共服务型政府，同时也是阳光政府，透明政府。所谓阳光政府，就是让权力在阳光下运行，政府为公民提供基本的公共产品与服务，政府，包括公职人员各项行为，都能够得到人民群众有效监督，以使公共权力始终在法治轨道上运行。所谓透明政府是指政府管理过程中的信息公开。包括政府制定的法律、政策公开透明，行政主体的公开透明，行政程序的公开透明，政府办事效率的公开透明。权力透明是权力文明的本质要求，也是对现代国家掌握公权力人的基本要求。公开作为一种监督权力方式，以公开预防权力腐败，以公开制约权力任性。也就是说，公权力的运行公开，实际是接受人民监督的必要途径。因而，公开是现代国家治理的常态。腐败案件的发生，往往与不公开透明、暗箱操作密切相关。重大的公共工程、国家预算、公共资金的使用，税收、罚没款流向等基本信息隐而不告，给社会带来极大的职务犯罪、徇私舞弊的风险。而建设阳光政府、透明政府，推进政府政务公开等，关键词是“公开”，正是推进国家治理体系和治理能力现代化的要义之一。

二、“公开”的具体形式

对一个现代国家来说，“公开”作为国家治理的重要内容，是通过一系列具体形式实现的。

（一）政府预决算公开

政府是人民的政府，政府的各项开支是由纳税人提供的。因而，纳税人有权要求政府的各项经费开支，包括每一笔微小的支出，都应当向社会及时公开，接受人民监督。

政府的预决算公开是“公开”的重要内容。预决算公开有助于社会公众了解财政收支情况，更重要的是对政府履职情况的了解。近年来中国各级政府，特别是中央政府在预算公开方面迈出了一些实质性步伐，应当给予积极点赞。2019 年共有 102 个中央部委对外公开了部门预算，比 2018 年增加了 13 个。与此同时，各部门预算解释说明更加细化，积极回应群众关切。例如，2019 年绩效公开的项目以及覆盖领域越来越多是一大亮点，这表示政府更加注重资金使用绩效，也反映出政府观念的转变。部门决算公开对于提升国家治理能力，增强政府公信力，保障人民群众知情权、参与权、表达权、监督权都具有重要意义。

政府预决算公开来自于现代政治观念的普及。政府花的每一分钱皆来自于纳税人，因而必须提供让公民满意的公共产品和服务，其中，“三公”预算公开是最为重要的公共服务之一。将政府的一切收支都纳入公共财政的框架内，让财政回归其公共属性，成为近年来政府改革的方向，也是社会各界关注的焦点。

（二）政务公开

政务公开是政府为人民服务、对人民负责、接受人民监督的重要制度安排。政务公开包括决策、执行、管理、服务和结果全过程公开，2019 年 6 月 28 日，全国政务公开领导小组第二次会议召开，国务院分管领导提出，要提高政务公开“含金量”；加强重大政策深度解读，及时回应社会关切；加快政务信息互联共享，推动监管服务简明透明；加强政务信息管理，完善政府网站等平台信息发布审核机制；抓好新修订的政府信息公开条例落实，进一步规范依申请公开工作，夯实政务公开基础，不断推动新时代政务公开工作迈上新台阶。

政府的政务公开，其决策过程公开十分重要。特别是政府制定的各项公共政策，需要通过民主的方式，吸收公民参与，同时也需要向社会公开这些公共政策产生的过程，进而让人们理解并使公共政策得以很好的落实。例如，北京市第七版城市总体规划在制定过程中，广泛征求市民意见，让北京市民充分参与讨论，前前后后有多条建议被吸纳。这一版规划公布后，市民总体满意，说明公共政策形成过程中的决策过程公开十分重要。

（三）公务员个人财产公开

政府的工作人员，特别是担任一定职务的公务人员，其个人财产应当向社会公开，这样才有利于社会监督。特别是，官员财产在客观上有助于打击腐败犯罪，中国自然应当向这一方向努力，并最终实现所有官员的财产公开。近年来发生的腐败案件，特别是掌握巨大权力高级公务人员的腐败，其巨额财产来源不明，值得高度关注。而公开就能够在一定程度上抑制公务人员的腐败行为，通过强有力的制度建设，进而保证国家公务人员只能够为人民服务。

在官员财产公开方面，阻力和难度确实很大。为减少阻碍，可考虑对增量和存量采取不同的方法。也就是新人新办法，老人老办法。新提拔的官员，就需要公开其财产。如果不愿意公开，也就不能够担任一定的职务。官员的财产公开，是国家治理体系和治理能力现代化的重要内容。

（四）司法公开

对案件的审判，也需要向社会公开，这样人民才知道法治如何彰显其公正。薄熙来案件的审判全程公开，彰显了法治的公正，得到社会各界普遍赞誉，对全社会也是一场很好的法治教育。说明司法公开对彰显法治公正的意义。

司法公开，需要扩大庭审直播、文书上网、审判流程及各类司法信息公开范围，全面拓展司法公开的广度和深度。只有如此，才有可能让人民群众在每一个司法案件中感受到公平正义。

（五）历史档案公开

公开，也包括历史档案公开。一个人民当家作主的国家，本着对历史负责的态度，需要适时公开历史的档案，这也是现代国家的普遍遵循。正是因为一些历史档案公开，使人们对原先所熟悉的历史有一个重新审视。当然，历史曲曲折折，需要慎重考虑如何公开历史档案。例如，可设定一定期限，适时地公开历史档案，理性地反思，以史为鉴、展望未来。

现代国家治理，公开是常态。公开实际是人民民主的要求，是“中华人民共和国的一切权力属于人民”的逻辑推演。为了人民更好地监督公权力，应深刻地认识到公开是国家治理体系和治理能力现代化的要义之一。当然，公开需要有一个渐进过程，遵循治理的客观规律，逐步推进、行稳致远。

信访观察

信访相关行为可诉性探析

□ 袁俊龙 *

摘要：信访制度是一项独立于行政诉讼的制度，最高人民法院司法解释规定了“信访不可诉”的一般原则，即信访相关行为一般不属于人民法院行政诉讼受案范围。但在实践中，信访相关行为是否可诉仍存在很多争议。本文认为，判断信访相关行为是否可诉，关键看该行为是否具备可诉行政行为的要素和特征，同时要注重审查行为实质内容，不受制于信访的形式和外观，避免当事人因信访活动而失去诉讼救济的权利。

关键词：信访　行政诉讼　可诉性　受案范围

信访与诉讼属于两种不同的救济制度，在实践中，信访与诉讼存在着诸多联系，例如行政机关以信访答复的形式，行使行政管理职权，作出产生法律效果的行政决定，这种情形是否属于行政诉讼受案范围？在信访与诉讼存在很多交叉的情况下，厘清两种救济途径的关系，正确界定信访活动的司法审查和监督范围，对完善信访制度意义深远。

一、信访可诉性的认定标准

行政诉讼法学理论一般认为，可诉的行政行为是指行政机关针对特定的、具体的事项对外作出的能够产生法律效果的行为（最高人民法院行政审判庭，2018）。结合《中华人民共和国行政诉讼法》第二条、第十二条、第十三条，《最高人民法院关于适用〈中华人民共和国行政诉讼法〉的解释》

* 袁俊龙，中共天津市委天津市人民政府信访办公室三级主任科员，公职律师。

（以下简称《行诉法解释》）第一条第二款第（九）项的规定，本文认为，可诉的行政行为，要具备以下要素和特征：（1）行政主体性。可诉的行政行为首先应当是行政主体所为的行政行为，行政主体包括行政机关以及法律、法规授权的组织。（2）特定性。可诉的行政行为是针对特定的、具体的事项作出的行为。（3）外部性。可诉的行政行为是行政主体对外实施的，不包括内部管理等行为。（4）法效性。可诉的行政行为是具有法律意义、能够产生法律效果的行为，即对行政相对人的权利义务产生实际影响。

在司法实践中，一般认为信访是对原行政行为的重复处理，不是行政机关行使“首次判断权”的行为（江必新，2018），信访决定对当事人权利义务没有实质影响，因此“信访不可诉”。

但本文认为，信访相关行为是否可诉，是否属于法院行政诉讼受案范围，要按照可诉行政行为的判断标准，即是否具备可诉行政行为的要素和特征而作出判断和认定。在认定过程中，无论该行为形式上是否为信访，都应当对该行为实质内容进行审查，深入行为内部判断其是否可诉，是否属于诉讼受案范围，实践中存在诸多以信访之名、以信访之形式，履行行政管理职权、实施行政行为的情形，不能简单地以信访形式作为判断标准，将有信访形式的行为一概排除在诉讼范围之外。下面就几类典型信访相关行为的可诉性作深入探讨和分析。

二、信访程序性行为

信访程序性行为，是指行政机关依据《信访条例》作出的登记、受理、转送、交办、督办、协调处理、督促检查、指导信访事项等程序性行为。程序性行为是行政机关在信访程序中作出的旨在实现信访决定实体内容的辅助性、准备性行为，这些程序性行为往往是实体性信访决定的手段和工具，不具备可诉行政行为的外部性和法效性等特征要件，并未产生法律效果，未对信访人的权利义务产生实际影响，因此不属于可诉的行政行为。《行诉法解释》第一条第二款第（九）项也规定了行政机关针对信访事项作出的登记、受理、交办、转送等行为不属于人民法院行政诉讼受案范围。

信访工作机构（负责信访工作的专门机构，包括各地信访局等）依据《信访条例》处理信访事项的行为，一般属于此类程序性行为。例如信访工作机构对行政机关办理信访事项的督办行为，这种行为是基于内部层级监督关系而对行政机关实施的督促检查、指导信访事项办理的行为，属于内部行为，不对外发生法律效力，不具有可诉性，不属于行政诉讼受案范围。《最高人民法院关于不服信访工作机构依据〈信访条例〉处理信访事项的行为提起行政诉讼人民法院是否受理的复函》(行立他字〔2005〕第4号)(以下简称《最高院关于信访事项复函》)对此也作了规定："信访人对信访工作机构依据《信访条例》处理信访事项的行为或者不履行《信访条例》规定的职责不服提起行政诉讼的，人民法院不予受理。"

三、信访决定行为

信访决定行为，是指对信访事项有权处理的行政机关依据《信访条例》作出的处理意见、复查意见、复核意见等决定行为。信访决定行为属于具有实体内容的行为，是与程序性行为相对的，对于信访决定行为是否可诉，最高人民法院曾基于信访是对原行政行为的重复处理，不是行政机关行使"首次判断权"，在《最高院关于信访事项复函》中规定："对信访事项有权处理的行政机关依据《信访条例》作出的处理意见、复查意见、复核意见和不再受理决定，信访人不服提起行政诉讼的，人民法院不予受理。"《行诉法解释》第一条第二款第（九）项也明确了行政机关针对信访事项作出的复查、复核意见等行为不属于人民法院行政诉讼的受案范围。

但在司法实践中，有些信访决定行为并非不可诉。例如最高人民法院在（2015）行提字第33号案件中认为，对当事人权利义务产生实际影响的信访复核意见应当属于行政诉讼的受案范围。在信访实践中，有的信访决定不是对原行政行为的重复处理，而是行使"首次判断权"，还有的信访决定改变了原来的行政行为，产生了新的权利和义务。深入分析来看，无论行使"首次判断权"的信访决定还是改变了原来行政行为的信访决定，都对当事人权利义务产生了实际影响，而影响相对人权利义务是可诉行政行为最根本的特征，因此这两类信访决定并非不可诉，《最高人民法院关于进一步保护和规范当事人依法行使行政诉权的若干意见》（法发〔2017〕25号）也支持了这种观点：“当事人因不服信访工作机构依据《信访条例》作出的处理意见、复查意见、复核意见或者不履行《信访条例》规定的职责提起诉讼的，人民法院依法不予立案。但信访答复行为重新设定了当事人的权利义务或者对当事人权利义务产生实际影响的，人民法院应当予以立案。”

此外，对当事人权利义务产生实际影响是可诉行政行为判断的重要基准而非全部基准，是进行判断的必要条件，而非充分条件。有些信访答复行为虽然对当事人权利义务产生实际影响，并不一定可诉，因为可诉的行政行为还要具备外部性等特征。例如，有些信访人反映行政机关内部事务组织、管理方面的问题，行政机关对此作出的信访答复行为虽然可能对当事人权利义务产生实际影响，但是这种信访答复行为不具有可诉行政行为外部性特征，外部性特征要求行政行为是行政主体对外实施的，不包括内部管理等行为，所以这种内部答复行为不属于可诉的行政行为，不属于行政诉讼受案范围。

所以综上来看，判断信访决定行为是否可诉，不能一概而论，关键看该行为是否具备可诉行政行为的要素和特征，要根据可诉行政行为的特征要件进行判断认定。在认定的过程中，要注重审查信访决定行为实质内容，合理甄别具有信访外观和形式的可诉信访决定行为。

四、信访信息公开

政府信息公开与信访属于不同的范畴，但在实践中也存在交叉现象，例如，以政府信息公开申请的形式询问信访事项办理情况，以政府信息公开申请的形式进行信访、投诉、举报等。如果当事人对这两类信访信息公开申请的告知或答复不满意，进而提起行政诉讼，是否应属于行政诉讼受案范围？

（一）以政府信息公开申请的形式询问信访事项办理情况

此类申请行为主要是指信访人以政府信息公开申请的形式对信访事项

处理过程中相关信息的查询，以及对信访程序产生的信息提起的信息公开申请。其中较为典型的情形包括申请公开信访事项答复处理情况、督办情况、情况报告、信访集中攻坚事项明细、领导包案情况、信访处理决定依据的相关文件、领导接待时间地点等。以上情形均与信访事项相关，仍应属于信访范畴，最高人民法院（2016）最高法行申 2055 号裁判文书认为，《政府信息公开条例》是政府信息公开领域的一般法，而《信访条例》是调整信访领域相关行为的特别法，根据特别法优于一般法的原理，公民、法人和其他组织申请获取行政机关在信访处理过程中的相关信息的，应按照《信访条例》的相关规定进行。

因此，对于申请公开以上信访信息，申请人应按照《信访条例》的相关规定查询信访事项相关信息，而非通过政府信息公开途径获取信访信息，行政机关不负有按照《政府信息公开条例》公开信访事项相关信息以及信访处理程序中相关信息的法定职责。针对此类内容申请信息公开，继而提起行政诉讼，实质是申请人对信访事项提起诉讼，根据《行诉法解释》第一条第二款第（九）项“信访不可诉”的一般原则以及《最高院关于信访事项复函》等有关规定，不属于法院受案范围。

需要说明的是，信访人申请公开以上内容，虽然属于信访活动，不作为政府信息公开申请处理，但是相关信息是否应当告知，则应基于《信访条例》等相关规定作出，同时，也可以参照《政府信息公开条例》对于信息公开的一般规定，例如是否属于内部信息、过程性信息等，正确履行信访渠道信息公开的职责。

（二）以政府信息公开申请的形式进行信访、投诉、举报等活动

信访人以政府信息公开申请的形式进行信访、投诉、举报等活动，虽然形式上是政府信息公开申请，但是所申请的内容属于信访、举报事项，例如“要求对破坏当地村民委员会换届选举的相关情况进行调查，并公布调查材料和调查结果”，这些活动与政府信息公开存在本质区别，因为信访制度与政府信息公开制度为两种不同的制度，两种制度的立法宗旨有本质上的不同。根据《政府信息公开条例》第三十九条“申请人以政府信息公开申请的

形式进行信访、投诉、举报等活动，行政机关应当告知申请人不作为政府信息公开申请处理并可以告知通过相应渠道提出”的规定，对于此类行为，行政机关应当告知申请人不作为政府信息公开申请处理并可以告知通过相应渠道提出。

五、以“信访程序”处理“依法履职”申请

在实践中，有些行政机关对直接收到的或者信访工作机构转送的要求本机关依法履职的申请，按照信访程序处理，作出信访告知和答复，或者不予回复。其中申请县级以上人民政府依法履职的，实践中经常出现的情形是该级政府信访工作机构按照信访程序作出转送等处理，该级政府未对依法履职申请作出告知或回复。如果申请人对以上按照信访程序答复或不予处理的行为不服，继而提起行政诉讼，人民法院是否应当受理？

本文认为，行政机关以“信访程序”处理“依法履职”申请的行为不因信访程序已处理而排除在法院受案范围之外，其是否属于法院受案范围不受信访程序本身的影响，不受制于信访的形式和外观。要结合依法履职申请自身特点和实质内容，依据可诉行政行为的特征要件进行判断和认定。例如（2018）京行终 1207 号案件，原告周某向天津市人社局举报天津市地震工程研究所未缴纳其社会保险，请求依法足额征缴并对被举报人进行处罚，天津市人社局作出政策咨询性质的信访答复，法院认为天津市人社局针对周某的履责申请仅作出政策咨询性质的信访答复，并未在明确职责的基础上依法履行处理职责或书面通知并移交处理的义务，不符合社会保险法的相关规定，构成不履行法定职责，法院最终撤销天津市人力资源和社会保障局对周某作出的答复。

在对行政机关类似上述履职行为可诉性判断和认定过程中，应重点审查申请人所请求履行的法定职责是否属于行政机关权限范围。根据《行诉法解释》第九十三条第二款“人民法院经审理认为原告所请求履行的法定职责或者给付义务明显不属于行政机关权限范围的，可以裁定驳回起诉”之规定，行政机关不具有相应法定职责的，行政机关信访答复等行为就不属于法

院受案范围。例如实践中经常出现的政府对依法履责申请作出信访转送处理而不予答复的情况，应重点审查行政机关是否具有相应的法定职责，来判断该不予答复行为是否可诉。对此，《浙江省高级人民法院行政审判庭“关于行政机关对不具有相应法定职责的履责申请以信访件转办是否属于不予答复的请示”答复》也作出了类似规定：“在行政机关不具有相应法定职责的情况下，当事人提起不履行法定职责诉讼的，应当裁定驳回其起诉。”

另外，信访工作部门和人员应注意避免以“信访程序”处理“依法履职”申请。《依法分类处理信访诉求工作规则》（国信发〔2017〕19号）第六条第（一）项规定，对属于申请行政机关查处违法行为、履行保护人身权或者财产权等合法权益法定职责的信访诉求，行政机关应当依法履行或者答复。国家信访局有关领导在解读《依法分类处理信访诉求工作规则》时提到，这样规定“既能促使行政机关依法履职，又实现了与《行政诉讼法》的有效衔接，能减少行政机关被诉、败诉的法律风险”。《最高人民法院关于进一步保护和规范当事人依法行使行政诉权的若干意见》（法发〔2017〕25号）也明确规定“要正确区分当事人请求保护合法权益和进行信访之间的区别，防止将当事人请求行政机关履行法定职责当作信访行为对待”。信访制度是一项独立于行政复议、行政诉讼的救济制度，既要贯彻诉访分离的要求，又要理顺信访程序与依法履职程序、其他法定程序的关系，从而形成群众按照法定途径维护自身合法权益的导向。

六、结语

信访制度是一项独立于行政诉讼的制度，有其自身的救济途径，但其与诉讼制度又有很多交错，《行诉法解释》第一条第二款第（九）项确立了“信访不可诉”的一般原则。但在行政诉讼受案范围逐步扩大，建设法治国家的背景下，信访相关行为不能一概排除在法院受案范围之外，信访相关行为是否可诉，是否属于法院行政诉讼受案范围，要按照可诉行政行为的判断标准作出认定。法院要审查信访相关行为的实质内容，重点审查行为的法律效果，行为是否对当事人权利义务产生实际影响，对于披着信访外衣的行政行为，要揭开信访的面纱，将其纳入行政诉讼受案范围，避免信访人因信访活动而失去诉讼救济的权利，维护公民的合法权益。

参考文献：

最高人民法院行政审判庭，2018，《最高人民法院行政诉讼法司法解释理解与适用》，人民法院出版社。

江必新，2018，《论行政诉讼法司法解释对行政诉讼制度的发展和创新》，《法律适用》第 7 期。

成都市基层矛盾纠纷多元化解的探索与思考

□ 杨浩 *

摘要：近年来，伴随成都市社会经济快速发展，基层社会矛盾纠纷处于易发、高发时期，特别是在土地征收、房地产开发管理、城镇房屋拆迁、劳动社保、金融和投资理财、教育、医疗和交通等领域，矛盾纠纷处于高位运行，给基层矛盾纠纷协调化解提出了新的挑战。为有效应对基层矛盾纠纷多元化的发展趋势，推动完善多元化纠纷解决机制，更好地整合人民调解、行政调解、司法调解等国家资源，统筹专业性、行业性、商事调解等社会资源，妥善化解各类矛盾纠纷，促进社会和谐稳定，成都市进行了一些有益的探索，取得了一定的成效，但在实践中还存在一些短板和不足，需要思考并加以解决。

关键词：基层　矛盾纠纷　多元　化解　探索　思考

一、综合考量：基层矛盾纠纷多元化解综述

（一）研究背景及研究意义

20世纪60年代，浙江绍兴诸暨市枫桥镇干部群众创造了“在党的领导下，依靠和发动群众，坚持矛盾不上交，就地解决，实现捕人少，治安好”的基层社会治理经验。半个多世纪的实践证明，“枫桥经验”是践行党的群众路线的生动体现，是我们党治国理政的基本经验，“枫桥经验”不断与时俱进、创新发展，为我国不同历史时期和发展阶段基层社会治理、平安建

* 杨浩，成都市信访局工作人员。

设、法治建设作出了历史性贡献。

2005 年，《人民法院第二个五年改革纲要》首次提出“多元化纠纷解决机制”；2015 年，《中共中央办公厅、国务院办公厅关于完善矛盾纠纷多元化解机制的意见》指出，完善矛盾纠纷多元化解机制，是加强和创新社会治理、深化平安中国建设的重要内容；2016 年，最高人民法院发布《关于人民法院进一步深化多元化纠纷解决机制改革的意见》，总结吸收了十年改革成果，对构建多元化纠纷解决体系具有里程碑的意义，但仍存在体系框架缺乏系统性、改革措施分散单薄、立法基础薄弱等问题。当前，我国正处于经济社会转型的关键时期，社会利益格局多元，社会矛盾纠纷频发，预防和解决矛盾纠纷成为一项至关重要的社会治理课题。2017 年，党的十九大报告提出“打造共建共治共享的社会治理格局”，强调加强社会治理制度建设，加强预防和化解社会矛盾机制建设，加强社区治理体系建设，推动社会治理重心向基层下移。2019 年，党的十九届四中全会通过《中共中央关于坚持和完善中国特色社会主义制度、推进国家治理体系和治理能力现代化若干重大问题的决定》，明确提出必须加强和创新社会治理，完善社会矛盾纠纷多元预防调处化解综合机制，努力将矛盾化解在基层，构建基层社会治理新格局。在社会主义新时代的今天，坚持和发展“枫桥经验”，推进社会矛盾纠纷的源头治理，具有缓解司法资源不足，满足社会公众对矛盾化解的多样性、多元化需求，创新社会治理的重大现实意义。

（二）国内外理论研究现状

国外对于矛盾纠纷或者说争端的多元化解决机制的研究始于 20 世纪 60 年代，尤其是许多西方国家在民众诉讼需求大幅度上升，甚至还有局部性“诉讼爆炸”，纠纷纷繁复杂等背景下，各国为了保证非诉程序的正常运行和健康发展，掀起了以“接近争议”为主题的司法改革运动，美国、加拿大、英国、日本等国家开始寻求解决矛盾纠纷的更好的办法——替代性纠纷解决机制（Alternative Dispute Resolution，简称 ADR），并致力于推动替代性纠纷解决机制的法制化和规范化，如美国 1998 年颁布了世界上第一部《ADR 法》、日本 2007 年颁布了《ADR 促进法》、德国 2012 年颁布了《法庭外争议解决促进法》等，这些国家通过制定专门的 ADR 法阐明国家有关政策和发展战略，从宏观上把握 ADR 的方向、地位和功能，并明确主管机关和司法机关的相关责任。国外学者除了提出用替代性的纠纷解决方式，更多的主张是通过调解的方式来解决矛盾纠纷。

国内对于多元化解决社会矛盾纠纷的研究开展较早，较多地集中于法院在多元化解决社会矛盾纠纷中的功能和定位，对全社会如何共同参与化解社会矛盾研究较少。如最高人民法院司法改革领导小组办公室胡仕浩、龙飞等人均强调立足国情，初步制定具有中国特色的多元化解决纠纷的“中国方案”；中国人民大学法学院范愉教授提出了“多元论”概念，并着重比较研究了各国 ADR（替代性纠纷解决机制）的发展优势，建议从加强多元化纠纷解决机制的顶层设计入手，完善制度、程序，培养新的纠纷解决文化；厦门大学齐树洁教授推动福建厦门、广东东莞等地法院、司法局合作，进行了 ADR 实证研究，推动厦门出台了《厦门经济特区多元化纠纷解决机制促进条例》。这些研究大多是分析国外化解矛盾纠纷的不同机制和经验介绍，并提出解决中国社会矛盾纠纷的建议，但没有从社会管理、政府管理或公共治理的角度提出具有针对性可行性的对策建议。

二、客观审视：实践探索成效与存在的短板不足

党的十八大以来，成都市委坚持以习近平新时代中国特色社会主义思想为指导，坚定贯彻“以人民为中心”的发展思想，充分发挥党委政府在矛盾纠纷化解中的领导作用，主动担当，大胆创新，在基层矛盾纠纷协调化解方面进行了积极的探索并取得了一定的实效。

一是成立城乡社区发展治理委员会，党建引领城乡社区发展治理。党的十八大以来，成都市委坚持以习近平新时代中国特色社会主义思想为指导，坚定贯彻“以人民为中心”的发展思想，遵循“一尊重五统筹”的城市工作总要求，作出了深入推进城乡社区发展治理，建设高品质和谐宜居生活社区的战略部署。2017 年以来，成都市城乡社区发展治理领导小组牵头揽总，40 余个市级部门围绕城乡社区发展治理的重点领域，先后出台纲领性

文件——党建引领社区发展治理“三十条”，配套制定机制架构、职能转变、人员管理、社区营造、标准体系、社区规划等6个支撑性文件，跟进形成实施“五大行动”、提升社区志愿服务、培育社会组织和社会企业等22项操作性文件，初步构建起“1+6+N”的配套政策体系，为成都市深入推进城乡社区发展治理改革提供了基本遵循和制度保障。

二是构建网络理政社会诉求平台，推进政府决策科学化、社会治理精细化、公共服务高效化。2016年，搭建集市委书记信箱、市长信箱、12345市长公开电话等为一体的网络理政社会诉求平台，拓展社会诉求渠道，建成集网络信箱、短信、12345市长公开电话、网络理政APP、微博、微信等“六位一体”的全天候社会诉求“问需”载体，构建市、区（市）县、镇（街道）三级0.3万余个领导网络信箱，统筹对外开放，推动与新闻媒体网络问政平台的“无缝对接”，以“一键直达”的方式再造受理、审核、沟通、办理、反馈、回访流程，从被问才回复到主动发现办理回复，有效打造疏导网上社情民意的最优路径。网络理政社会诉求平台建立以来，群众满意率和诉求解决率均在90%以上。

三是构建“大联动·微治理”体系，实现矛盾纠纷全网覆盖、全域调处。2018年以来，成都市委政法委牵头在全国率先推动网格、队伍、职责、平台、数据、工作流程六大融合，在全市划分1.3万余个一般网格和0.2万余个专属网格，建立1.3万余人的专职网格员队伍，确立25类专职网格员职责清单，建立全域覆盖、全网整合、规范高效、常态运行的网格化服务管理体系。以长效推进平安社区创建为契机，线上线下同步推进网格化服务管理体系，不断完善信息报送反馈机制，强化数据统计分析功能，累计收集处理安全隐患信息30余万条，大量的基层安全隐患在社区得以解决。

四是健全诉源治理机制，推进矛盾纠纷源头预防和前段化解。在全国率先部署推进诉源治理，成都市委办公厅、成都市政府办公厅出台《关于健全诉源治理机制深入推进矛盾纠纷源头预防和前端化解的实施意见》，构建党委领导、政府主导、部门负责、社区参与、司法保障的城乡社区诉源治理工作格局，健全党委领导下多方协同、权责明晰、运行规范、高效联动的诉源治理工作机制，形成预防、解纷和修复并重，政府治理与社区自治并举，诉讼与非诉讼方式并行，多元主体共同参与的诉源治理体系，切实推动从源头上减少诉讼增量。2018—2019 年，全市法院受案增幅分别回落 9.71%、0.83%，2020 年全市法院受案 43.8 万件，同比下降 2.23%。

五是创新建立群众工作之家，破解基层信访难题，助推市域社会治理现代化。为深入贯彻习近平总书记关于加强和改进人民信访工作的重要思想，全面落实中央、省、市关于推动社会治理体系和治理能力现代化的要求，2018 年以来，成都市信访系统坚持以人民为中心，在全市各村（社区）全覆盖创建群众工作之家，打造基层信访工作新场景，把信访工作有机植入基层治理体系，依托信访全程代理、人民建议征集和矛盾纠纷排解三项机制，积极探索让群众“最多访一次”路径，有效破解了基层信访难题。2019 年以来，通过矛盾纠纷排解机制，矛盾纠纷化解率达 92.4%，为维护全市社会稳定积极贡献了力量。

客观审视，成都市就基层矛盾纠纷多元化解方面还存在一些不足和短板。主要表现：

一是基层治理力量分散，缺乏统一的组织领导机构。网络理政平台、“大联动·微治理”体系、“诉源治理”“群众工作之家”等基层矛盾纠纷协调化解平台分散运转，人、财、物等资源限于部门主导属性，未突破条块行政体制。目前，成都市虽已成立城乡社区发展治理委员会负责统筹社区发展治理工作，但相关矛盾纠纷协调化解平台尚未有机融入全市社区治理体系，未完全形成治理合力。

二是平台中心单线运行，缺乏有效的信息共享机制。各级综合治理、群众来访接待、矛盾纠纷多元化解、司法服务、法律服务等平台相对分散，各平台业务侧重点不同、资源整合度各异。各部门、各渠道接收的群众诉求，在数据整理和统计分类上，主要依据本系统本行业分类标准或按照自身需求进行，无法实现平台数据联通，运用数据联治。

三是解纷组织衔接不畅，缺乏完善的多元共治机体。作为多元化纠纷化解机制的运行载体，调解组织、仲裁机构、公证机构、行政复议机构、人民法院在不同领域、不同范围发挥了应有的作用，但尚未形成多部门、多层面的组织体系。尤其是按照“谁主管、谁负责”管理的行业性专业性调解组织，缺乏监管和统一规划，无序、盲目发展的状态客观存在。解纷组织培育也不够充分，在供给配置上未能形成科学、完善的有机体。

三、他山之石：杭州市、北京市、厦门市等地经验借鉴

（一）杭州市探索建立县级社会治理综合服务中心（信访超市），努力实现社会治理领域“最多跑一地”

杭州市县级社会治理综合服务中心（以下简称服务中心），是杭州市各区县（市）社会治理领域服务群众的综合性平台，在区县（市）党委、政府统一领导下开展工作。服务中心的主要职能是开展民生事项受理、矛盾纠纷调处、信访投诉接待、事件流转派单、应急处置指挥、风险评估研判和社会形势分析等工作，通过集成服务、集约管理、集中办公，实现矛盾纠纷联调、社会治安联防、突出问题联治、服务管理联抓、基层平安联创。

2019 年 7 月，杭州市按照浙江省委政法委印发的《关于探索建设县级社会治理综合服务中心（信访超市）的指导意见》要求和“最多跑一次”理念，在全市探索建立县级社会治理综合服务中心，努力实现社会治理领域“最多跑一地”。除了在区县（市）建立服务中心，杭州市还在部分乡镇（街道）建立了服务站，在村（社区）建立了服务点，拟计划实现县、乡、村三级全覆盖，形成上下联动、左右协调的县域社会治理基本格局。

一是强化顶层设计，市委领导牵头高位推进。杭州市按照浙江省委政法委印发的指导意见，把“最多跑一次”理念延伸到社会治理领域，由分管政法工作和信访工作的市委副书记牵头，以市“两办”的名义印发了《关于推进区县（市）社会治理综合服务中心（信访矛盾联合调处中心）建设的指导意见》，分阶段统筹推进服务中心建设。

二是整合资源力量，推动“多中心”集成创新为“一中心”。杭州市推动县级综治中心、人民来访接待中心、矛盾纠纷多元化解中心、诉讼服务中心、公共法律服务中心等，成建制入驻服务中心，形成“一中心多平台”

格局。同时吸收法律咨询、心理服务、行业性专业调委会、公共管理等相关部门（组织）力量进驻，实现群众信访和纠纷化解“只进一扇门”“最多跑一地”。

三是做优一窗受理，推行信访代办制，实现群众信访和纠纷化解“最多跑一次”。杭州市各区县（市）在服务中心设立了无差别受理窗口，“一个窗口”受理群众提出的各类纠纷、信访、诉求和举报事项，准确区分事项类型，分类导入办事程序，避免部门间推诿扯皮。同时，在县、乡、村分别设立了信访代办中心、代办站和代办点，做到信访“有人帮着跑，有人代替办”，解决群众重复访、越级访等问题。

四是集成多元手段，打造“联合调处”模式，实现群众信访和矛盾纠纷“全链条解决”。杭州市各区县（市）服务中心构建完善了诉调、警调、检调、专调、访调“五调联动”工作体系，组建调解专家库，鼓励个人品牌调解室第三方力量入驻，打造中心牵头、条块结合、多方参与、随叫随到的联合调处多元化解工作机制。对权责关系简单清晰的事项，即接即办当场办理；对涉及多个部门的事项，中心内联合调处；对疑难复杂或者久拖不决的事项，以集体会商、联席研处、领导领办等方式推进解决。

五是一体联动，提升县域社会治理整体能力，实现群众信访和矛盾纠纷“就地解决”。杭州市加大市域统筹督促力度，压紧压实区县（市）主体责任，把区县（市）服务中心定位为信访和矛盾纠纷化解的“终点站”。同时，推进重心下移、力量下沉，健全乡镇（街道）综治工作、综合执法、市场监管、便民服务“四平台”，完善村（社区）网格工作体系，切实提升就地化解矛盾纠纷的能力水平。

（二）北京市探索建立市场化纠纷解决机制，指导成立多元调解发展促进会

近年来，首都社会经济发展迅速，行业性、类型化纠纷呈现多发态势，与此相适应，北京地区行业性专业性调解组织发展迅猛，面临从零星发展到形成规模效应的转折，亟须加强行业整体规划和自我监管，促进行业整体协调发展。2015 年 12 月，北京多元调解发展促进会在最高人民法院和北京市

委、北京市高级人民法院指导下成立。2016年，北京多元调解发展促进会被北京列为枢纽性社会组织，主要任务是把行业性、专业性和商业性的争议纠纷通过培育发展调解组织进行化解，即非替代争议解决机制。北京多元调解发展促进会成立以来，主要在以下几方面进行了探索。

一是建章立制，加强行业性专业性调解组织建设。制定北京多元调解发展促进会章程，明确自身职能定位；制定《北京多元调解发展促进会调解规则（试行）》《北京多元调解发展促进会调解员守则》等文件，规范调解程序，提升队伍专业化水平。

二是建立示范调解中心，以实践促规范。示范调解中心主要由退休高级法官和专业律师组成。示范调解中心成立以来，充分发挥老法官、资深律师的法律实践经验优势，多次参与调解组织调解、承办重大疑难案件。

三是完善诉调对接机制，搭建交流合作平台。促进会收集反馈会员单位诉调对接需求和建议，加强与法院沟通，研究完善诉调对接衔接机制、经费保障、完善调解组织体系、调解组织主体资格问题等，全面推进了行业性专业性调解各项工作。

（三）厦门市等地出台多元化纠纷解决促进条例，弥补立法空白，推进制度创新

2015年4月，《厦门经济特区多元化纠纷解决机制促进条例》出台，作为中国第一部促进多元化纠纷解决机制建设的地方性法规，开创了我国多元化纠纷解决机制立法的先例。2016年7月，国内第一部省级多元化解机制地方性法规《山东省多元化解纠纷促进条例》出台，随后2017年10月、11月，黑龙江省、福建省相继出台多元化解纠纷条例。四个条例具有地方立法特征，同时包括纠纷解决途径、纠纷解决程序衔接、纠纷解决组织建设、保障措施、管理监督考核等内容，主要有以下几方面可供学习的经验。

一是界定各职责主体的职能定位。多元化纠纷解决机制建设是一个庞大的系统工程，涉及职能主体众多，包括各级人民政府及其职能部门、人民法院、人民检察院、人民团体、社会组织等。厘清各主体在纠纷多元化解工作中的职责定位，避免纠纷解决工作中责任推诿或揽责擅权，重点厘清了综

治部门、行政机关、人民法院、各级基层组织、社会团体的角色定位。

二是创新和发展解纷机制。多元化纠纷解决机制中的人民调解、仲裁和劳动争议调解仲裁等机制，在《人民调解法》《仲裁法》《劳动争议调解仲裁法》等都有明确规定，但是，对协商和解、行业调解、商事调解的法律规定还比较欠缺。四个条例充分利用了地方立法的空间及权限，在现有法律空间内进行了制度创新，确定了商事调解、行业调解的地位，确立了民商事纠纷中立评估、无争议事实记载和无异议方案认可机制，创新在线纠纷解决机制。

三是健全和完善对接机制。多元化纠纷解决机制是个包容性很强的开放系统，其意义在于避免把纠纷解决单纯寄予某一种程序并将其绝对化，目的在于为当事人提供多元化的选择机会。四个条例通过立法对各种“对接”机制进行了明确界定，有利于发挥各个机制的作用。

四、进路探索：党建引领有序推动，资源整合全域联动，组织培育特色带动

目前，成都市在矛盾纠纷多元化解工作方面取得了初步的成果，但与国内一些先发地区相比，还存在一定的差距，需进一步改进和完善。

（一）深入调研论证助推顶层设计。组建工作专班，就当前基层矛盾纠纷协调化解地方性法规、制度机制建设等方面进行深入调研，形成总体方案。借鉴厦门市等地经验，探索出台多元化纠纷解决促进条例，建立刚性约束机制；综合借鉴北京市、杭州市做法，统筹谋划组建县、镇、村三级社会治理综合服务平台，嵌入行业性专业性调解组织，解决各类解纷组织、各职能部门在民生服务、矛盾调处、问题化解等方面存在的力量分散、工作重叠、平台交叉等问题，实现平台融合、资源共享。

（二）集中资源建立区（市）县综合服务中心。在物理空间、职责功能、工作人员等要素方面，优化整合区（市）县层面相对分散的社会治理资源力量，依托现有县级智慧治理中心或大联动综治中心，建立起功能集成、业务协同、效能优化的区（市）县社会治理综合服务中心，开展综治、信

访、司法、调解、网络理政等服务，让群众的复杂疑难问题，在综合服务中心这座“大医院”得到及时就地的“诊治”。

（三）借势改革打造镇（街道）综合服务站。借助乡镇行政区划调整和体制机制改革契机，在镇（街道）建立社会治理综合服务站。依托镇（街道）现有的综治中心（矛盾纠纷多元化解协调中心），整合基层法庭、检察室、派出所、司法所及各类调解中心资源力量，打造镇（街道）社会治理综合服务站，实现由管理向服务转变，进一步树牢城市工作理念。

（四）延伸村（社区）群众工作之家服务触角。在村（社区）全覆盖建立群众工作之家的基础上，依托党支部、党小组、物业等组织把工作触角向产业功能区、居民院落、小区延伸，打造群众工作之家微阵地；探索建立市、县、镇、村四级人民建议征集体系，在群众家门口及时就近全覆盖识别、挖掘群众隐形诉求，不断提升感知矛盾纠纷的灵敏度；优化信访全程代理受理、办理和反馈机制，减少中间环节，避免产生新的矛盾。

（五）指导成立多元调解发展促进会（协会），发挥行业性专业性调解组织作用。借鉴北京多元调解发展促进会的做法，结合成都市国际化城市建设规划、自由贸易试验区建设，针对金融领域、商品房买卖合同、知识产权保护等方面的突出问题，整合社会力量，积极培育发展调解组织，成立行业性专业性促进会（协会），建立示范调解中心，协同其他调解组织、天府新区自贸区法院等审判机关，多元化解矛盾纠纷，服务保障城乡社区发展治理、国际化营商环境建设和国际化城市打造。同时，通过购买服务的形式，将行业性专业性调解力量引入区（市）县综合服务中心，助力实现矛盾纠纷化解调处“最多跑一地”。

（六）融合数据建立跨层级跨部门的智慧大脑。整合各类民生服务热线，统一网络理政、信访、110 非警情、网格员等渠道群众诉求，规范一致的分类标准，推进社会治理数据资源有效流转、综合应用。依托网络理政平台、“大联动·微治理”体系、天府市民云等信息系统，通过身份认证、信息授权等技术，打破不同层级、不同部门间“内外”“上下”的信息壁垒，推动群众诉求“一网受理、一网归集、一网分流、一网办理、一网反馈、一网分析”，实现平台由“物理整合”转为“化学融合”，并定期形成全市社情民意综合分析报告。

（七）四级联动强化源头治理和常态管理。以市级为统领、区（市）县为主导、镇（街道）为主体、村（社区）为基石，四级服务平台协同联动开展工作。既着眼源头防范，推进诉源治理，强化信访代理，开展社情民意分析研判，预防减少社会矛盾，又将问题矛盾化解工作抓在日常、抓在常态，逐级守住责任防线，形成逐层削减和疑难攻坚的金字塔模式，构筑问题矛盾的阶梯“终点站”，缔造超大城市社会治理共建共治共享的良好局面。

完善群众组织参与信访矛盾化解的工作机制研究

□ 郁佳萍 *

摘要：群众组织源于群众、贴近基层、了解群众，能够与群众直接对话和交流，最大限度获知群众最真实的想法，对于有效化解、转移、分散信访矛盾纠纷和社会压力，维护社会和谐稳定具有积极的现实意义。本文主要基于上海市嘉定区徐行镇群众组织参与信访工作的实践，探究和完善群众组织参与信访矛盾化解的工作机制，以便更好推动基层信访工作的有效开展。

关键词：群众组织　信访矛盾　化解　工作机制

党的十九届四中全会报告提出，“完善群众参与基层社会治理的制度化渠道。健全党组织领导的自治、法治、德治相结合的城乡基层治理体系，健全社区管理和服务机制，推行网格化管理和服务，发挥群团组织、社会组织作用，发挥行业协会商会自律功能，实现政府治理和社会调节、居民自治良性互动，夯实基层社会治理基础”。上海市嘉定区徐行镇积极探索实践新时代信访工作的机制和方法，整合基层资源，把握新阶段群众工作的基本特征和规律，依托现代科学化的社会治理模式和党建引领下的群众组织积极化解各类社会矛盾，基于“群众组织”公益性、中立性、亲民性等特征，全力做好了解民情、集中民智、维护民利、凝聚民心的工作，有效预警和化解了一批事关群众切身利益的信访问题，努力开创“大事不出街镇、小事不出村居”的基层信访工作格局。

---

* 郁佳萍，上海市嘉定区徐行镇信访办职员。

一、关于基层群众组织的界定

有关学者认为，群众组织可以分为三类：一是具有较高社会公信力和社会权威的，如人大代表、政协委员、人民监督员、廉政监督员以及专家学者等；二是具有特定专业知识和能力的，如律师、媒体人士、心理咨询辅导师、情感专家、社工、法律援助机构、公益机构等；三是长期从事基层一线工作、擅长群众工作的，如村居委人员、人民调解员、社区老娘舅以及有关社会团体等。从参与信访矛盾化解工作实际来看，群众组织是由广大群众参加的非政权性组织，是由某种共同爱好信仰聚集在一起，是在政府职能部门报告备案，是代表广大人民群众利益的群体组成的。群众组织与第三方力量参与信访矛盾的本质区别在于公益性、非营利性、自治性、志愿性，本文所研究的群众组织是指长期从事基层一线工作，依托其自身与群众的密切关系优势参与信访矛盾纠纷调处的基层群众组织，如老娘舅、老大人、客堂汇、新成爷叔等。

二、嘉定区徐行镇群众组织参与信访矛盾化解的生动实践

（一）政策讲解，当好“宣传员”，引导群众依法信访

“会说群众愿意听的话、能说群众听得懂的话”。群众组织是最接地气的“宣传阵地”，通过群众组织，可以采取群众喜闻乐见、通俗易懂、朴实无华的形式向群众宣讲法律法规，传递惠民政策，倡导依法信访的正确导向。近年来，嘉定区徐行镇依托“群众组织平台”拓展村民议事、意见征询收集等载体，反映其他渠道不易掌握的群众关心的热点和难点问题，收集并报送的关于增设公交车站点的建议、关于老旧小区安装电梯等 80 余件社情民意都得到了政府的及时响应和有效落实。嘉定区徐行镇信访办通过延伸信访服务平台，做好信访政策宣讲，提升了群众依法信访、逐级走访、文明信访的意识，进一步营造了良好的信访法治环境，维护了良性的信访秩序。

（二）代理信访，当好“服务员”，打通上下快速通道

徐行镇的“客堂汇”成立于 2013 年，在“党委领导、政府负责、社会协同、公众参与”的社会管理理念下，集全镇之力，充分利用村民宽敞的客

堂间，开展邻里相教、邻里共商、邻里和睦、邻里同乐、邻里互助等活动，吸引周边的村居民集聚一堂，搭建群众组织积极参与社会事务管理的自主平台、基层组织融入社区建设的交流平台、党员干部深入开展群众工作的实践平台，成功培育了“客堂汇”这一具有浓郁群众基础的农村社会治理新模式。近年来，徐行镇信访办积极将信访工作融入基层社会治理，把信访工作触角延伸至“客堂汇”平台，进一步下沉了工作，取得很好的实效。“丁阿姨工作室”成立于2014年，由属地社区丁阿姨为代表成立的群众组织平台，是一个集邻里调解、法律咨询、礼仪课堂、外来人口咨询等服务内容为一体的社会性公益型群众组织。嘉定区徐行镇以“客堂汇”“丁阿姨工作室”为承载点，在全镇构建了群众组织平台、村（居）委、街镇三级信访代理体系，分级设置信访代理员。群众组织平台为首席“信访代理员”，在信访矛盾的调处过程中，通过发挥村（居）委、街镇两级工作体系的“联动”、“对接”和“支撑”作用，能更有效地协调各方资源推动问题化解，真正落实“代理多跑腿，群众少跑路”，形成了“信访找代理，最多访一次”的有效工作机制。例如，2017年9月，徐行镇S村居民潘奶奶像往常一样到工作室和丁阿姨促膝谈心，诉说自己领养的孙女就读小学一年级，因户口迟迟未落实，学校不予办理学生证，造成了孩子学习和生活上诸多不便。这些年来，潘奶奶的儿子儿媳跑遍了很多部门，都无法解决户口问题。由于此类人员涉及多户家庭，这些家庭多次集聚至市、区上访要求解决户口问题，潘奶奶的儿子儿媳也铁了心打算放下工作加入上访队伍。丁阿姨得知信息后立即上报给居委会，并对该矛盾隐患进行风险评估。镇信访部门第一时间接到信访矛盾排查情况后同步协调镇相关职能部门、属地派出所、居委会，共同在丁阿姨的陪同下“下访”潘奶奶家，通过政策上的解读和沟通、生活上的关心和帮扶、信访代理的运用，信访人打消了越级上访的念头。2018年1月，潘奶奶家接到上报孩子相关信息的通知，这意味着孩子的户口问题终于能得到解决。

（三）矛盾排查，当好“预警员”，做到早发现早处理

基层群众组织平台作为群众家门口的“预警机”和“连心箱”，通过联

合党小组长、村组长、楼组长等力量，可进一步实现群众组织进驻基层网格单元，与群众聊一聊“心里话”、听一听“数家珍”、解一解“烦心事”。如此，推动完善了基层矛盾隐患排查工作机制，进一步把握了隐患矛盾排查的主动权，提升科学预测预警预防能力，有效减少信访矛盾排查的盲区和死角。例如，2017 年 3 月 12 日上午徐行镇信访办的矛盾预警群中收到“客堂汇”村民组长唐某的微信“X 村、Q 村的谭某、钱某等人准备第二天上午 7 点左右在 Q 村乘座大巴去市里上访”，同日上午，X 村 40 余名村民大规模集聚，就某企业排放异味气体，影响村民身心健康的问题准备去市里上访。村民组长唐某及时通过微信群将“信息送上门”，镇级层面第一时间掌握问题症结、第一时间找准处置方法，并运用“信访代理”机制，有效控制了越级访的发生和发酵，实现了“小事不出村（居）、大事不出街镇”的目标。2019 年嘉定区通过群众组织平台提供矛盾排查 409 件，成功化解信访问题 391 件，劝解集体访 18 件。

（四）调解纠纷，当好“消防员”，防止矛盾问题上行

群众组织平台参与信访工作能够了解当事人的真实想法，扎根本土、拥有深厚群众基础的群众组织，能紧紧依托基层单位《村规民约》《居民公约》等自治规章及基层议事评议制度，组织村（居）民代表进行“现场恳谈、现场评议、现场表决、现场督办”，工作流程公开化、透明化、公正化、痕迹化。同时结合运用“群众做好群众工作”的柔性手法，变换工作角色，调整处置角度，找准问题切口，了解当事人真实想法，聚焦问题焦点，有效推动矛盾纠纷化解缓解，实现“群众满意、政府解压、成本降低、效能提升”的“多赢”效果。例如，2014 年 4 月，在徐行镇 C 村“客堂汇”里，客堂汇有关负责人老张从村民中了解到，村民老陆摔伤了，因为到公交车站太远，道路不便，加上老人腿脚不利索，前段时间去公交车站途中摔倒了，一个多月了还没好。大家都反映公交车站太远了，老人出行不方便。得知情况后，老张一方面联合小区楼组长先安抚村民情绪，另一方面，连日询问了镇里多个部门，了解到如小区离车站不到 500 米，通常不能增设车站。于是老张邀上年轻时一起量田埂、丈宅基的老伙计们，实际测出了小区离最近的

车站有 800 多米。老张反映的情况，相关事实清楚、数据详实，得到了区镇两级部门的高度重视，时隔不久，小区附近增设了公交站台。在老张及镇、村多个部门的共同努力下，现在，“客堂汇”内信访工作的内涵不断深化，老张的“客堂汇”逐步成了信访人心中能办事、办成事的便民平台。近几年来，借助“客堂汇”平台，徐行镇已组织听证评议活动 20 多场次，议定事项 40 余项，通过村民组会议、专家组认定、公开式自辩等形式，有效化解市政工程动迁、居住环境影响、集体资产管理、拆违资金补偿等政策性强、业务性强、解决难度大、涉及范围广的矛盾 10 多起。

三、群众组织参与信访矛盾化解的经验总结

（一）充分发挥群众组织自身的身份优势

群众组织一般为“属地孵化”，能有效拉近与群众的距离，使属地政府联系群众的渠道更加畅通和便捷。群众组织源于基层，贴近民众，在某种程度上能与群众直接交流和对话，可以掌握基层群众的真实想法，能促使群众的矛盾诉求自主、理性和高效的表达（孔祥利，2014），有效推动民众达成共识。基层群众组织有助于及时反映民众意愿、呼声，建立理性沟通渠道，统筹兼顾各方利益。

（二）积极拓宽党委政府信访矛盾化解渠道

通过群众组织参与信访矛盾化解工作，有利于实现政府管理与社会调节的双方互动，扩大社会参与力度，推进民主政治发展，在某些问题的处理上，相比政府直接参与，更能提高矛盾的处置效能；另外，由于基层群众组织能通过开展工作，在第一时间、第一线有效预警和排查矛盾隐患，从而可以及时对信访矛盾介入处置，防止矛盾升级和上行。

（三）进一步加强政民良性互动

参与信访矛盾化解的群众组织是由在当地社会具有一定的群众基础、政府所认同的“能人”组成，他们在沟通社会关系、凝聚政民共识方面能形成互补思维。基层群众组织的参与，能增进信访机构与信访人之间的信任，从源头上减少抵触情绪，削弱民众对政府行政色彩工作模式的认知，帮助

群众重新认清权利、义务与责任关系，进一步加深政民之间的良性互动与合作。

四、当前群众组织参与信访矛盾化解存在的问题

（一）群众对第三方力量参与信访工作的认知不清晰

对政府部门而言，已经认识到群众组织有参与信访矛盾纠纷化解的相应能力，并且已经通过各种实践取得一定成效，但在信访领域尚不足以对群众组织进行更合理、更高效地利用。如在角色定位中，群众组织作为第三方辅助角色，在参与过程中因过度干预而造成自身参与的角色、功能、权责等定位模糊，参与的界限不明，以及参与的模式选择与适配困难等问题，都将有可能妨碍其功能的正常有效发挥。

对群众而言，其对群众组织参与信访矛盾纠纷化解的第三方中立身份及化解能力存在着或多或少的质疑。群众组织本身深扎基层，融入群众，处理问题中容易得到群众的了解与信任，但在参与信访矛盾纠纷化解方面，群众对群众组织是否具备化解信访矛盾纠纷的相关能力，是否能够绝对站在中立的立场去化解信访矛盾纠纷，仍持有较大的疑虑，群众组织与群众之间信任的构建必然受到较大的影响。

对群众组织而言，对其自身的认知有待进一步提高。群众组织在参与信访矛盾化解纠纷过程中，不仅要充分认识到自身特有的优势和实力、化解纠纷的充足信心和尝试勇气，更应该意识到自身的劣势和不足，加以减少与规避，只有“自省”，才能履职尽责地做好分内事，不偏离中立身份，不妨碍矛盾纠纷调处的公正性。

（二）群众组织参与信访矛盾纠纷化解的动力不充足

群众组织成员整体年龄较高。群众组织中的成员多为已退休的人员，其中包括有一定政治素养的党员，他们凭着自己的一股热情和奉献，以及实现自身价值和为社会稳定注入一股力量而来。但有时因为年龄问题，在处置一些突发状况时因实际的身体状况导致出现“心有余而力不足”的现象。

群众组织缺乏一定的专业支撑。群众组织中退休人员占比很大，他们

在退休前从事着不同行业、不同工种的职业，在处理一些需要法律法规或者政策依据支撑的信访矛盾纠纷时，因缺乏一定专业性以及人员配置上的不到位，使得信访矛盾纠纷调处的效率受到影响。

群众组织缺乏专业培训和技能提升的机会。目前，群众组织中的成员在调处信访矛盾纠纷过程中，学习专业的调处技能的机会较少，如：当在调处纠纷过程中遇到的法律问题，仅通过向前来活动点服务的专业人员请教，学习次数和学习时间较少，造成业务能力和水平普遍偏低，亟须通过政府为其提供较为系统和全面的业务培训。

（三）群众组织参与信访矛盾化解的托底保障不明确

为保障群众组织正常的发展壮大与有效的发挥作用，亟须充分的保障与激励，目前在制度化、权威性和资金源等方面，还需进一步健全与完善。

制度化的激励保障不足。一方面尚未出台规定群众组织或群众个体参与信访矛盾化解工作的相关规章制度，另一方面对群众组织或群众个人参与信访矛盾纠纷化解的角色定位、职权范围以及工作内容未进行明确规定。我国《信访条例》中，针对第三方力量参与信访工作提供了一定的政策依据，但现行法律法规并没有明文规定，造成只有国家机关授权才能参与，参与形式较为单一。

权威性的激励保障不足。领导重视方能促进决策执行与落实，政府授意群众组织作为社会力量参与信访工作，权威的激励保障是作为群众组织有效化解问题的前提，也是不断引入壮大发展更多群体参与信访工作的基础。从目前现状而言，政府对此举的支持力度不够，仍处于观望态度。

资金源的激励保障不足。充足的经费保障是力促群众组织参与信访矛盾纠纷化解精准发力，有效发挥其功能定位的基本前提和必要保障。然而，政府作为群众组织的组织主体，并没有直接提供群众组织运行的经费支持，而是通过街镇层级的社会服务组织中心进行星级评定，经自评、他评、第三方评估，若被评为最高级别（五星级）也仅能得到一年六百元的日常活动经费，这将滞后群众组织参与信访工作的发展，无法有效保证群众组织持续生存。

（四）群众组织参与信访矛盾化解中的功能定位不完善

参与信访“定位”模糊。一是介入关系界定不明，目前，在嘉定区徐行镇注册报备的群众组织有 143 个，众多的群众组织能够积极参与政府部门牵头的各类社会活动，主动融入到社会治理的事务中，但是对于群众组织介入信访工作的条件与辅助功能作用不健全；二是组织人员信念信任值不可控，围绕一个共同的目标爱好形成的群众组织，目标明确单一，人员素质不同，心中国家至上、为民服务的宗旨根植牢靠与否不确定。

化解矛盾“定责”模糊。一是职责范围不清，群众组织参与社会治理，受政府管控的面非常狭窄，在处理矛盾具体事项中责权不清晰，法治保障不明确，人员认知不一样，会出现对矛盾化解的尺度与协调的力度把握不准，影响矛盾化解的效能；二是化解时机不明，群众组织没有一定的责任约束，没有相关矛盾萌芽期介入的规定，容易错过第一时间化解问题的时机，使矛盾升级上行。

工作机制“定规”模糊。一是矛盾化解协调资金无明确的渠道和统一标准，场所硬件设施不到位，人员激励机制不健全，参与工作的动力不足；二是群众组织参与信访工作的协调保障掣肘，没有相应的化解矛盾协调机制，开展化解工作的渠道受限，群众组织自生自发，自主性强，但缺少行政力量和资源支持，处理问题过程中协调困难（蒋明霞，2019）。

五、推动群众组织参与信访矛盾化解的政策建议

（一）转变理念：发挥群众组织参与的积极作用

对于群众组织参与信访矛盾纠纷化解仍存在认知的缺陷，需要通过理论研究与实践践行不断深化认识与了解，才能减少实践中的阻力，促进其不断发展与完善。政府、群众组织、信访群众三方参与主体，是达成群众组织参与信访矛盾化解的合作共识基石。政府作为组织主体，不仅要认识和意识到群众组织参与信访矛盾纠纷化解工作的重要性和必要性，化解矛盾产生的工作价值，更要了解掌握群众组织参与信访矛盾纠纷化解工作的各种要点加以认同和支撑；信访群众作为服务对象，在通过群众组织参与信访矛盾纠纷

化解相关情况的认识，要对群众组织给予信任与认同，相信和认同群众组织参与信访矛盾纠纷化解的组织性和可行性，在整合的基础上逐步构建起二者之间的信任关系；群众组织作为辅助角色，要对自身有正确认知，要按章办事不越权，站在公益中立为民服务的立场开展服务，最终形成一种习惯，习惯作为生成的依据，生产着实践。

（二）注重顶层设计：完善群众组织参与的治理体系

在信访矛盾化解中，群众组织扎根于基层群众，因其浓郁的“草根性”使得更容易接近群众、获得群众认可。群众组织发挥其中立、公益、专业等优势，以理性中立的态度立场参与信访矛盾纠纷化解工作。不仅如此，由于群众组织种类多样的内部力量，多元化的参与方式和矛盾纠纷化解方式，选择恰当的参与主体、参与方式、介入时机，能够因时因事、因地制宜、有的放矢地进行适配，从而推动信访矛盾纠纷进一步有效化解。例如，律师具备法律专长，针对涉法涉诉类信访矛盾纠纷的化解则应当引入群众组织中的律师成员参与；又如心理咨询师擅长情绪安抚、心理疏导工作，针对大部分升级为矛盾纠纷的信访件则应当引入群众组织中的心理咨询师参与，对信访群众进行心理疏导和正向引导；再如退休党政干部、村民组长、楼组长擅长调处邻里纠纷，村（居）民自治及村民组、社区共治事宜，则群众组织中的党员干部走进基层，走近人民，调处对应类的信访事项。概言之，在实践中针对不同的信访矛盾纠纷类型恰当选择不同的参与主体、参与方式、参与时机，实现充分“适配”即能构建起高效的群众组织参与信访矛盾纠纷化解的综合治理体系。

（三）加强制度建设：落实群众组织参与的多方保障

从群众组织参与信访矛盾纠纷化解的长远健康发展角度出发，亟须全面落实制度保障、权威保障以及经费或物质等多方保障，才能使其有法可依，充分调动起不同社会阶层的群众参与到该组织中来，积极排查和化解信访矛盾纠纷。制度保障即能明确群众组织作为社会力量的参与地位，规范其准入标准，厘清其参与边界，使之逐步走向规范化、制度化。权威保障即政府要高度重视群众组织参与信访矛盾纠纷化解的发展，通过一定的宣传加大各级政府对其的重视力度。经费保障即要有充足的运作资金保障，但该经费不能来源于信访群众，针对群众组织“公益性”的特性，政府可通过财政拨款，设立专项经费、拓宽经费渠道，由备案组织对专项经费进行恰当管理与运用，保障其有效运作。例如，每年可通过召开表彰大会，设立专项资金用于奖励群众组织中的“先进个人”以及“先进集体”，以通过适当的物质奖励与精神激励，激发参与信访矛盾纠纷化解的源动力和持续力，提升群众组织的社会地位。

（四）创新体制机制：搭建群众组织参与的有效载体

信访矛盾纠纷往往涉及方方面面，众多领域，只有具备不同领域不同才能的人共同参与，方能促进有效化解。社会组织参与可以有效弥补新型治理模式下“政府”失灵的困境（范铁中，2013）。在目前情形下，建立一个多元化力量参与协调信访矛盾纠纷化解的统一平台，形成矛盾化解“全周期管理”模式，成为最佳的解决途径。平台的组织架构要多样，吸收具备法律、心理咨询、社区工作、人民调解等领域有过工作经验和技能本领的人员，这是一种可综合调处、高效运作的模式。也可以通过正在从事以上相关领域的人员以固定志愿者的身份参与其中，以促进信访矛盾纠纷化解、提高信访工作效率等功能。该平台主要的运作方式包括信访矛盾排查预警、日常信访工作、代理信访服务、对接协调处置等，在运作过程中需要做到严格的规范与监管、厘清参与界限，以及设立内部绩效考核制度和外部监管体系等，有效落实矛盾处置“全过程”有迹可循。

参考文献：

范铁中，2013，《社会组织参与社会矛盾化解的作用探析》，《青海社会科学》第1期。

孔祥利，2014，《社会组织参与信访矛盾化解：实践探索与作用分析》，

《中国行政管理》第10期。

蒋明霞，2019,《社会组织参与信访矛盾化解的行动策略研究》，中共上海市委党校硕士学位论文。

探索与思考

张文壕　在社会主义现代化建设引领区构建新型人民信访的思考

张学旺　“三化三零”信访工作模式在国有企业的探索

曹　辰　风险感知视域下社会风险评估研究

在社会主义现代化建设引领区构建新型人民信访的思考

□ 张文壕 *

摘要： 浦东新区既是上海现代化建设的缩影。对浦东新区改革开放进程中突出信访问题的回溯分析有助于我们进一步廓清引领区中信访工作的新路径和新目标。在深化改革开放进程中，浦东新区的信访矛盾呈现新的特征。本文认为，民主治理、依法治理、协同治理和精准治理是在引领区深化拓展信访功能的四个基本方向，有助于信访制度在引领区的新发展中焕发出新的生机和活力。

关键词： 浦东新区　引领区　信访制度　改革开放

作为中国改革开放的先行区，浦东新区面积 1210 平方公里，下辖 12 个街道、24 个镇，实有人口约 556.7 万人。2020 年，浦东新区全区生产总值达到 13207 亿元，增长 4%。改革开放 30 年来，浦东新区以全国 1/8000 的面积创造了 1/80 的地区生产总值、1/15 的货物进出口总额，实现了从以农业为主的区域到功能集聚、要素齐全、设施先进的现代化新城的沧桑巨变。2020 年 11 月 12 日，习近平总书记出席浦东开发开放 30 周年庆祝大会并发表重要讲话。会议确立了浦东未来发展“一个引领区、三个成为、三个展示”的新定位[1]。对浦东新区改革开放进程中突出信访问题的准确把握和

* 张文壕，上海市浦东新区综合处二级主任科员。

[1] “一个引领区、三个成为、三个展示”的新定位，即把浦东新区打造成社会主义现代化建设引领区，成为更高水平改革开放的开路先锋、全面建设社会主义现代化国家的排头兵、彰显“四个自信”的实践范例，更好向世界展示中国理念、中国精神、中国道路。

深刻分析有助于我们进一步廓清引领区中信访工作的新路径和新目标，从先行先试、发展引领的视角为我国信访制度改革提供创新样本，进而更好发挥信访制度策应、服务我国新发展格局的作用。

一、改革开放进程中的信访矛盾类型

近年来，浦东新区信访工作形势总体平稳，呈现信访总量持续下降、信访结构不断优化、矛盾化解成效明显、信访秩序稳中有进的良好态势。2020 年，浦东新区信访群众对信访部门和职能部门办理工作的满意度分别达到 97.6%、97.5%。全区信访总量同比减少 7.3%，其中，来访量占比 11.1%，来信量占比 28.7%，网上信访量占比 60.2%。城乡建设类占信访总量近 50%，集中涉及物业管理、动迁安置、环境卫生等问题。针对 2018—2020 年相关信访件进行回溯分析，从访源治理角度可以将其分成八种类型：

（1）个人利益博弈型：比如房屋动迁、征地补偿等信访矛盾，这是一种利用博弈空间和机会结构向政府争取最大化个人利益并谋取扩大边际效益的信访类型。浦东新区作为改革开放前沿阵地和国家战略集中承载区，重大工程、重大项目对土地资源需求旺盛。特别是 2018 年原南汇地区整体并入浦东以后，处于腹地的行政镇承担着大量的开发任务和发展项目，利益格局的调整越来越深刻。一般情况下，动迁等利益政策具有阶段性特征，政策标准处于调整变化中，面临着群众“上下比”、“前后比”、“左右比”、“内外比”的考量。该类型信访矛盾的本质是个体面对利益政策的博弈行为，是个体私人利益和国家公共利益的价值互换或价值协商过程，一定范围可以通过搭建沟通平台协商解决。

（2）公共资源分配型：一种是正向的，比如因教育资源分配或优质学校划分问题引发的信访矛盾。随着自贸区扩区和外向型经济加速发展，浦东新区加强了对金融证券、对外贸易、芯片制造等高端产业人才的引进，对优质公共服务资源的需求越来越具有刚性。但是，目前公共资源的生产和分配主要遵循行政的逻辑而不是市场的逻辑，在数量规模上难以满足需求。另一种是逆向的，典型的如邻避效应，比如浦东新区某镇垃圾处理厂规划建设以及某隧道建设项目以及部分高压电和变电站项目等因对周边居民产生负面影响而引发的群体信访矛盾，这是一种公共产品对自身造成损害却没有得到合理补偿产生的信访矛盾。在“得”和“避”之间形成的张力构成了该类信访矛盾的主要生成动力。

（3）社会治理提升型：比如垃圾分类、小区停车、“五违四必”整治、道路交通改善、黑车治理、噪音污染等和社会治理密切相关的信访矛盾问题。该类信访矛盾形成于城市管理存在的问题和市民对良好社会环境的美好期望。这类矛盾以前也有，但是大家很少关注或者通过信访反映。随着浦东新区“城市大脑”即一网统管、一网通办的运行以及联勤联动站、家门口服务体系、智慧社区建设、雪亮工程等先进技术的有效运用，这类社会治理型矛盾成为了目前信访矛盾的主流。相关问题复杂多样，涉及多个部门，需要进行系统筹划和协同治理。

（4）社会关系调解型（类司法过程）：比如邻里矛盾纠纷或者涉及商业行为的消费矛盾纠纷等，在这一类信访矛盾中，行政主体不是信访事项的涉事主体，而是作为第三方进行调解、调停或居中斡旋。职能部门的信访工作人员充当了调解人和仲裁员的角色（市场监管部门或者公安部门最为明显），或者通过访调对接的机制直接通过司法行政部门进行处置，整个过程具有明显的调解特征和行政仲裁的属性，在调解无效的情况下，职能部门一般推荐信访人走诉讼渠道解决矛盾纠纷。

（5）行政行为投诉型：比如对公安、城管、市场监管等执法部门在行政行为中存在抗拒心理，通过信访部门进行投诉和发泄不满情绪的信访事项。该类信访矛盾的本质是行政主体和行政相对人之间在行政过程中产生的矛盾，和社会关系调解型矛盾相比，这类矛盾产生于行政部门的行政行为，是信访人要求行政部门改变或撤销行政行为的信访事项，是信访监督行政部门的一种体现。如何用好信访工作对行政部门或行政人员的监督作用，避免行政部门内部对不合法行为的包庇，是做好该类信访矛盾处置的重点和难点。

（6）社会福祉增益型：主要指通过人民建议征集等方式提出建设性的

意见和政策设计，推动浦东新区实现高质量发展和高水平开放的信访事项。相关信访内容不涉及个人利益，而是围绕增进社会公共利益的目标进行信访活动，比如通过聚焦“一业一证”、临港新片区建设和张江科学城建设等国家战略，或者围绕城市管理、社区建设、民生保障等社会热点话题展开。实践过程中，通过适当借鉴引入人大、政协一些好的机制方法，不断拓展信访功能的边界，使信访工作成为改进公共政策、推动项目开展、促进社会福利的重要渠道，从而实现汇聚人民智慧，强化人民共治的潜在功能。

（7）平台经济催生型：比如安信信托、金银猫、证大、长租公寓等通过平台经济包装方式掩盖非法集资并造成投资人大量损失的信访矛盾。浦东新区作为上海乃至全中国金融机构最密集的区域，在自贸区各种优惠政策的加持下，选择在浦东新区进行注册的金融机构越来越多，这些网络金融企业往往不以实体运行的方式进行经营，一旦发生资金链断裂，很难找到责任主体。另外，受害人分散在全国各地，交易方式又往往通过网络平台进行，后续处置比较被动。

（8）涉法涉诉型：在浦东新区信访结构中，还有一部分涉法涉诉矛盾，该类信访往往从维稳角度进行处置，不再进行实体化解。随着浦东新区法治化建设的深入推进，完善司法体系运行机制，确保司法判决和司法流程公平公正是从根本上减少该类信访矛盾的关键举措。另一方面，要研究解决如何在法治框架下有效缓解该类信访矛盾的再生机制，加强法院、检察院的自我纠偏功能、充分发挥纪委监委以及人大信访部门的内部监督和社会舆论、新闻媒体的外部监督作用，从体制机制上有效提升司法公信力，维护司法救济渠道在定分止争、化解矛盾方面的最高权威和最高效力。

二、对改革开放进程中信访问题的反思

近几年，浦东新区信访形势总体平稳有序，但是，矛盾风险的管控效能和本区较快的发展速度和庞大的社会体量相比，还是存在不匹配、不调和的问题。特别是在深化改革开放进程中，社会调整的复杂性、脆弱性和社会敏感性急剧增加，各类风险隐患越来越难以预测。结合浦东新区实际情况，

目前主要存在以下问题：

一是信访理论框架困囿于传统范式。传统的信访研究范式围绕静态的“稳”而不是动态的“治”进行理论构建。尽管浦东新区信访总量持续下降，但是部分群体“逢会逢事必借机闹事”的态势仍然没有根本转变。进京越级访、制造舆情风险等滋事扰序形式日趋多样且更加隐蔽，甚至主动勾连境外媒体将自身诉求和人权保障强行勾兑。而信访人反映的矛盾越尖锐、表现方式越极端，中央对地方的压力传导越明显。这种压力传导成为目前信访制度的基本动力机制，其他机制设计也是为了承接、分散或预防这种压力传导。信访系统行政主导趋势明显，政治互动相对减弱。这样一种理论范式不利于引领区信访工作的高层次发展。

二是信访突出矛盾隐匿于其他社会风险之中。浦东新区利用开发开放优势，吸引优质资源向本地区汇集、流动。这种“洼地现象”形成了人口资源的“虹吸效应”，教育、医疗、就业等优质公共资源的供需长期处于失衡状态，区域各项公共制度的承载能力接近饱和。在突发性事件的诱导下，极易引发连锁性的社会风险。比如疫情期间，浦东新区多个楼盘资金链断裂，受此影响无法正常办理房产证。而根据当地教育入学政策，进入当地公办学校就读需提供对应学区房产证。一场因疫情办证受阻引发的入学矛盾就此发生。在改革开放进程中，在人口密度与社会行为联系紧密的公共场域，一个偶发事件就可以产生风险传导裂变与放大效应。特别是一些信访矛盾和其他敏感问题互相传染、转化、联动，矛盾风险跨区域、跨群体聚集，并从经济领域、社会领域延伸到政治领域，在深化改革开放的进程中，矛盾风险不再是平面的矛盾、静止的矛盾、局部的矛盾，而是立体的矛盾、动态的矛盾、连锁的矛盾。

三是信访体系架构局限于独立运转。改革开放进程中的信访工作不仅涉及政府、市民、行业组织，而且还涉及立法、执法、司法系统。目前的信访实践中，各信访系统相对独立，各自服务于自己所属体系。近几年，在信访法治化背景下，对涉法涉诉信访在业务上进行了剥离，以避免行政权对司法权的僭越和干扰，但是信访的纠错功能和监督功能一定程度有所削弱。作为政府的信访部门应该严格遵循访诉分离的原则，但是作为党委的信访部门应该像国家监委那样充分发挥对各个系统和部门的内部监督作用。在信访制度中嵌入更大范围的内部监督机制，应成为引领区治理法治化、民主化的重要目标。

四是信访供需结构趋向于两级分化。从信访供给结构分析，信息技术的发展推动信访受理端持续扩容，需处理的信息要素呈几何式增长。一些信访人为了推动问题解决存在散布虚假信息、夸大事实情节、甚至扬言报复的极端言行。这些不经辨别、筛选的信息大量留置于信访系统，重复、虚假信息挤占、浪费信访公共资源，影响了信访处置效率和整体运转。另一方面，从信访需求结构分析，年轻群体在技术运用、政策信息接受方面占有一定优势，在政治参与、表达效能方面活跃度较高，也吸引了政府和信访部门的大部分关注。而随着浦东新区老龄化程度加深，老年群体的数量越来越多，他们在诉求表达方面则越来越处于弱势地位。作为对信访制度感情最深、信访需求较多的群体，因“信息鸿沟”、“技术屏障”的存在，反而成了信访领域“沉默的大多数”。信访在推动社会阶层整合、群体利益整合以及价值观念整合方面还需进一步作出回应。

三、在社会主义现代化建设引领区完善信访工作的建议

在浦东新区深化改革开放的实践中，信访制度整体功能与社会治理的复杂需求还不能准确贴合，存在信访工作行政化、信访矛盾复合化、信访体系碎片化和信访结构两极化的问题。而民主治理、依法治理、协同治理和精准治理是有效解决上述问题的“四张王牌”，也是在引领区深化拓展信访功能的四个基本方向，具体路径可以从以下几方面着手：

（一）深化信访民主治理内涵，为引领区建设凝聚政治力量

我国信访制度设计的最初目的之一，就是通过人民群众来信来访的方式向党和政府提出意见建议，以此保持党和政府与人民群众之间的联系，保障人民当家作主的权利得以实现（孙大雄，2011）。而政治沟通主要关注信息、对话、理解与共识，并以此推动民主政治的发展（魏志荣，2012）。引

领区信访工作要深度嵌入社会治理各个环节，有效连接不同治理主体，让各类治理主体的意见表达充分在信访平台汇集和展示，缩短民主治理的“反射弧”，有效解决信访行政化问题。

1. 发挥党的政治优势

信访制度是党的群众工作的重要平台，是密切党群关系的一项重要措施，在沟通联系群众、凝聚治理合力方面具有独特的优势。只有充分发挥党的政治优势和引领作用，做强基层党组织，抓好“班长工程”和“基石工程”，不断增强基层党组织在群众中的威信和公信力，引导群众听党话、跟党走，信访工作才有坚强的政治基础。所以，要把党建要素融入信访制度设计和运行，在推动信访问题化解中不断夯实党的执政基础。

2. 增强民主协商的效能

引领区的信访工作要以民主协商方式取代行政主导，将上级部门的压力，转化成满足人民群众需求、维护人民利益的动力。同时，在主体的平等性、互动的双向性、策略的博弈上作出制度设计，将政治沟通、协商民主机制进一步全面融入信访工作，深入推进以村（居）民会议、民主听证为主要形式的民主决策实践，通过各方协商对话、讨论、辩论等方式将多元主体的利益整合起来，重构“以人民为中心”的信访理论范式。

3. 引入民主技术和方法，探索将民主技术和方法引入矛盾化解

比如研究建立“信访事项民主评审委员会”，成立由信访部门、职能部门、人大代表、政协委员、社区代表和专家学者组成的信访民主评审委员会，充分借鉴已有的听证形式和法院审判过程。评审委员会成员在审议过程中可以就相关信访事项发表自己的观点和意见。最后，委员会内部通过民主投票的方式就相关结论现场进行无记名投票，评审结果向社会公示，从而增强信访工作的公正性和实效性。

（二）发挥信访法治保障作用，维护引领区信访法治秩序

法治是成熟社会治理的最优模式，也应是引领区信访制度改革的主要取向。党的十八届四中全会提出，要把信访纳入法治化轨道，保障合理合法诉求依照法律规定和程序就能得到合理合法的结果。引领区要坚持运用法治

思维和法治方式开展信访工作和矛盾化解，找准信访制度在社会治理中的功能区和发力点，依法有效解决信访监督和信访权益保障问题。

1. 优化信访法律服务

信访制度作为一项法律制度，其法治功能不能仅仅停留在权利救济方面，其本身所具有的法治资源也应成为引领区法治化建设的源头活水。比如，全面引入律师等法律工作者通过信访参与引领区法治建设，从第三方角度为依法治理提供专业意见和处理，满足信访群众的法治需求。再如，推动信访听证等法律手段在城市治理中的应用，擦亮信访在城市治理中的法治底色。

2. 理顺信访分类途径

信访制度在多元救济解决机制中的功能作用需根据实践作相应拓展。一方面完善信访入口甄别机制，充分发挥信访联席会议平台作用，探索建立与立法、司法、纪检监察机关联席会商、双向导入机制，细化访诉分离标准，加强动态管理。同时，建立健全信访与仲裁等其他法定途径的衔接配套机制，确保各类诉求按照法律规定找到相应的救济途径，避免“办而不分”、“多头受理”。

3. 强化信访监督作用

信访制度本身具有监督的功能，在引领区建设中有广阔的发挥空间。可以探索建立信访事项审查负面清单，夯实层级审核把关的纠错功能，确保信访处理准确规范。同时，完善督查督办机制，实现科学精准的个案筛查汇总，探索开展巡回督查和专项督查，为城市治理查漏补缺。再如，研究建立信访监督、纪检监察、行政督查一体化监督平台，加大治理过程性监督，促进法治政府建设。

（三）完善信访协同治理机制，提升引领区全域信访服务体验

在上海大力推动城市数字化转型的背景下，引领区要充分利用最新的信息技术和多场景运用模式，持续拓展信访数据受理端口，不断优化线上线下信访服务体验，引导各类主体在信息化、制度化参与的界面参与信访治

理。同时，积极探索多部门一体化发展的信访制度体系和路径，不断提升信访在区域连接性和政策协同效率中的重要作用，有效解决信访体系碎片化的问题。

1. 推进信访体系协同运转

加快打造“家门口”信访服务矩阵。村居信访服务点通过上级部门工作下沉、服务配送和一线调处，布点打造随手可及的“信访服务便利店”。街镇接访窗口通过整合各类资源力量化解信访诉求，建设一站式“信访问题收揽站”。区信访大厅通过定制配送信访服务项目，打造片区“信访资源服务配送中心”，从而构建上下贯通、协调联动、高效便捷的全域信访服务模式。

2. 优化信访业务协同办理

通过远程协办、可视咨询、网上预约三种途径打造多场景线上信访服务模式，实现区、街镇、村居三级信访窗口线上互联互通，“窗口”人员在线受理并提供咨询服务。同时，有效整合信、访、网等诉求渠道，重塑信访业务办理流程，实现网络平台“一口受理 、全域协同、即时反馈、结果评议”，构建矛盾隐患排查、风险分析研判、部门联动处置、信访人沟通反馈、社会评议考核全流程闭环管理。

3. 加强信访资源协同配置

整合优化信访资源，强化职能协同，建立跨党委、人大、政府和“两院”的信访协同机制，通过权责有效配置、组织间协作沟通、项目组攻坚等新的工作方式，实现信访系统间的信息资源共享和协同推进管理，力争在解决群众“急难愁盼”问题、督促建议政策制度完善等方面有更多的工作融合，提升信访治理服务能级，构建统一的信访运行体系，探索高效办成一件事的信访工作模式。

（四）加强信访数据治理能力，锻造引领区信访问题共治平台

信访是经济社会发展的“晴雨表”，在反映社情民意、汇集意见建议、分析稳定风险、评估政策得失上具有独特的优势。在大数据时代，用大数据可以通过对海量、动态、高增长、多元化、多样化数据的高速处理，快速获

得有价值信息，提高公共决策能力（新玉言、李克，2016）。引领区信访工作要顺应新时代大数据发展趋势，广泛运用信访大数据，提升服务能级。

1. 提升人民建议征集能级

上海是最早开展人民建议征集工作的城市之一，人民建议征集也成为信访制度在未来拓展功能空间的主要方向。为深化信访功能边界，引领区要进一步加强人民建议征集的机制保障，厘清人民建议征集的性质、功能、定位，明确建议人权利和国家机关法律责任，深层次拓展信访制度辅助决策的功能。同时，夯实区、街镇、村居三级建议平台，发挥“家门口”服务体系的直接征集作用，加强主动征集和专题征集等征集形式。

2. 构建信访数据治理模型

目前的信访工作存在主观性判断、经验性决策的问题，在信访问题预判、处置和应急方面存在信息失真和决策偏差。为此，引领区的信访工作要高度重视信访数据积累，探索构建稳定科学的信访数据预测治理模型。通过对信访数据进行动态收集分析，即时抓取信访热点、系统归集典型案例、智能推算发展趋势，不断集成满足引领区治理需求的信访工作要素和服务功能，最终绘就一张“信访数据治理全景图”作为解决现实问题的重要依据。

3. 构建多渠道一体化受理平台

通过深度运用智能语音转化文字应用系统，在技术上整合信、访、网和热线的流程处置和数据运用，最大限度地将各渠道信访件纳入统一系统管理，形成一个能全面反映当前社会矛盾纠纷和信访问题的大数据平台。同时，发挥一体运转的优势，构建“紧急矛盾快速预警”“高频矛盾分析推送”“复杂矛盾统一会办”“突出矛盾跟踪督办”的无缝联动工作体系，实现矛盾风险在一个平台上的协同处置。

总体来看，浦东新区信访工作南、北区域信访格局差异较大、信访工作参与主体多元多样、信访矛盾类型新旧叠加互相转化、信访参与过程高效便捷。而在两区合并以后，政策差异性如安置、土地流转、征地养老等对信访问题产生都有较大的影响，需要在引领区建设过程中进一步作出调整和优化，同时也将深刻地影响完善和健全信访治理机制的实践路径。作为改革开放排头兵中的排头兵，浦东新区应该在信访领域持续发力，在对过去改革开放进程中产生信访问题的总结分析基础上，把工作着力点放在畅通、调处、保障和维护群众合法的利益诉求上，在民主、法治、协同、科技上谋求信访转型发展的新路径，积极打造“引领型”、“法治型”、“枢纽型”、“智库型”人民信访新模式，让信访这个传统的中国特色社会主义政治制度在引领区的新发展中焕发出新的生机和活力。

参考文献：

孙大雄，2011，《信访制度功能的扭曲与理性回归》，《法商研究》第4期。

魏志荣，2012，《“政治沟通”理论发展的三个阶段——基于中外文献的一个考察》，《深圳大学学报（人文社会科学版）》第6期。

新玉言、李克，2016，《大数据：政府治理新时代》，台海出版社。

“三化三零”信访工作模式在国有企业的探索

□ 张学旺 *

摘要： 新形势下，国有企业改革发展正处在攻坚克难的关键时期，这一时期也是各类矛盾高发期，生产生活等各个领域随之出现了诸多新情况、新矛盾。以胜利油田企业为例，随着改革发展的不断深入，员工群众通过信访渠道反映的问题日趋多样化、复杂、呈现出“五个交织”的特点。为依法及时就地把各类矛盾问题化解在基层、萌芽和初始阶段，维护好员工群众的切身利益，油田企业构建实施“三化三零”信访工作模式，为决胜全面可持续高质量发展提供坚强保障。

关键词： 国有企业　三化三零　信访工作模式

国有企业肩负着经济责任、社会责任、政治责任三大责任，是党和国家可信赖的依靠力量，是坚决贯彻执行党中央决策部署的重要力量。“没有稳定的环境，什么也干不成。”国有企业各级党组织必须切实提高思想认识和政治站位，旗帜鲜明地扛起保一方平安、护一方稳定的政治责任。以胜利油田企业为例，随着改革发展的不断深入，员工群众通过信访渠道反映的问题日趋多样化，复杂化，呈现出“五个交织”的特点：一是“新”与“旧”的交织，即历史遗留问题与现实问题相互交织；二是“多”与“少”的交织，即多数人的合理诉求与少数人的无理诉求相互交织；三是“情”与“法”的交织，合情合理的要求与过激言行等不合法方式相互交织；四是

* 张学旺，胜利油田孤东采油厂党委常委、工会主席。

“善”与“恶”的交织，员工群众自发的信访行为与别有用心的人恶意插手相互交织；五是“内”与“外”的交织，即油田企业内部的稳定形势与全球油价和社会大环境的影响相互交织。为依法及时就地把各类矛盾问题化解在基层、萌芽和初始，维护好员工群众的切身利益，胜利油田企业构建实施“三化三零”信访工作模式，扎扎实实地落实好每一项工作措施，确保绝大多数矛盾纠纷得到及时妥善化解。

一、管理机制网格化，实现责任“零推诿”

“网格化”是一种配置体制和协作机制，其实质是发挥组织优势，对资源进行有机整合。把“网格化”管理运用到信访稳定工作中，可以细化管理区域、细分工作责任，真正做到“谁的事谁负责、谁的人谁负责、谁的地盘谁负责”，切实落实“属事、属人、属地”责任，依靠基层、依靠群众，将过去被动应对问题的管理模式转变为主动发现问题和解决问题。

（一）划分网格

按照“属地管理、分级负责、对口办理”的原则，科学合理地划分横向到边、纵向到底的“五级管理网格”，构建“一盘棋”的信访稳定工作新模式。

“五级管理网格”从低到高依次为：

五级管理网格：一个班组为一个网格，每个网格配备信访信息员，即网格员，由班站长担任。

四级管理网格：一个党小组为一个网格，由多个五级网格构成，每个网格配备信访代理员，即网格长，由党小组长担任。

三级管理网格：一个党支部为一个网格，包含多个四级网格，党支部书记为“第一责任人”，设立专兼职信访干事。

二级管理网格：一个职能部门为一个网格，设立部门负责人、信访联络员。

一级管理网格：信访稳定工作领导小组为一级管理网格，党政主要领导担任总指挥，分管领导担任副总指挥，统一指挥调度各个网格，统筹资源，联防联动。

（二）明确职责

网格员职责：负责收集掌握员工群众思想动态，做好一对一的情绪疏导和思想引导工作，及时上报不稳定信息。

网格长职责：建立健全员工群众信息台账，精准掌握网格内每一名员工群众的基本情况、思想动态及信访诉求，做好情况落实、解释答复、处理稳控工作。

“第一责任人”职责：落实公开接访、下访、包案制度，有效化解网格内的信访稳定问题。网格内所辖人员如发生来厂到局赴省进京上访，第一时间赶赴现场，做好劝返和稳控工作。

信访稳定干事职责：定期组织开展矛盾纠纷排查化解，及时发现问题，化解矛盾，依法依规做好接访处访工作。

部门负责人职责：落实“管业务必须管稳定”，落实联合接访处访，做实风险稳定评估，承担起职责范围内的信访稳定职责。

信访联络员职责：配合部门负责人协调处理本部门的信访稳定问题，负责做好与相关单位和部门的沟通协调工作。

信访稳定工作领导小组职责：定期听取信访稳定工作汇报，研究解决信访稳定问题，指导所属企业信访稳定工作开展。

（三）规范程序

按网格内信访稳定问题的易难、轻重、缓急程度，分级处置：

苗头性问题：纳入五级、四级管理网格，由网格员、网格长掌握情况，上报信息，做好情绪疏导工作，按照政策和规定，解释说明，做好教育管理、疏导稳控工作。

一般性信访问题：纳入三级管理网格，由主体单位责任人、信访稳定干事负责，落实情况，协调处理，形成答复意见，做好教育疏导和稳控工作，确保化解在初信初访状态，不形成重复访、越级访。

需要协调处理的信访事项：纳入二级管理网格，由信访部门、职能部门协调处理，做好政策解释说明，对基层单位的处理意见进行复查，出具复查意见。

重大疑难、集体访、非接待场所上访事件：信访稳定工作领导小组统一指挥协调处理，召集相关单位和部门成立工作专班，协调公安部门依法妥善处置，并根据情况及时上报上级部门。

（四）严格考核

各个网格内信访稳定工作开展执行情况纳入对各基层单位、机关职能部门及领导班子的年度绩效考核。

根据干部管理权限，相关部门对各单位领导班子信访稳定工作职责落实情况进行考核。考核结果作为所在单位文明建设等工作的一票否决内容，作为干部选拔任用的重要依据。对因信访稳定工作职责未履行或履职不到位，造成不良影响和严重后果的，依据相关规定进行问责。

二、信访联动高效化，实现办信“零失误”

（一）推行“下访”工作举措

一是让员工群众“只跑一趟”“只访一次”，主动出击化解初信初访。以“发生一起、化解一起”为工作目标，到基层、进班站、进家庭，变“上访”为“下访”，沟通感情，安抚情绪，替群众跑腿、帮群众办事，及时就地化解矛盾纠纷，让群众诉求只进一门、只访一次就能得到妥善解决，真正把矛盾化解在早、化解在小、化解在基层。

二是加强基层信访工作指导，切实做到重心下移。唯有实打实的指导帮助，才是基层最需要的。对问题集中的网格，采取“定向服务督导”，由上一级网格提供支持、指导，变“被动防范”向主动治理、源头治理转变，把矛盾和问题化解在基层和萌芽。同时，督导基层落实“周排查、零报告，月分析、季总结”，随时掌握稳定动态，做到底数清、情况明，措施精准。

三是加强与职能部门的协作，凝心聚力，确保信访工作高效运转。解决信访问题不是哪一个部门、哪一个人的事情，而是依靠各单位各部门团结协作，凝心聚力，共同推进。按照“归口办理”的原则落实联合接访制度，群众诉求涉及哪个职能部门，信访部门及时协调哪一个二级网格联合接访答复，共同处理，实现信息双向沟通，无缝对接，全面共享。

（二）推行“心访”工作举措

一是“先处理情绪、再处理问题”。人在负面情绪状态下，很难与之有效沟通。对信访人的不合理信念及负面情绪，通过印象管理技术、参与性技术、影响性技术有针对性地进行心理疏导，先打开信访群众的“心结”，弱化情绪，软化心态，缓冲矛盾，再协调处理群众的信访问题。

二是做好“一对一”心理疏导。有些信访人因生活、工作压力大等原因产生抑郁、焦虑、暴躁等心理问题，在信访活动中容易发生过激行为。引入心理咨询师接访，对信访人进行性格特点分析，研究信访经历、家庭关系等，进行心理介入，“一把钥匙开一把锁”，找出解决问题的突破口。

三是落实好人文关怀。树立“用关心代替管控”“交心交友代替对立对抗”的工作理念，与信访人交朋友，通过帮扶救助、亲情服务、子女助学、联系工作、协调就医等方式，为信访人走出困境铺路搭桥，把工作做到信访人的心坎上。

（三）推行“联访”工作举措

一是实行“首问责任”和“闭环管理”。首问责任能够有效防止部门之间出现推诿扯皮现象，树立良好的企业形象。首问责任单位或部门、首问责任人务必做到“有问必答、有疑必释，马上就办、一次办好”，谁接待谁负责到底，如超出职权范围，立即协调上级网格处理，避免问题累积、升级。闭环管理能够有效提高办信质量和效率。即把受理分流、落实答复、指导督办、疏导稳控、办结反馈五个环节作为一个闭环系统，纳入网格化管理，谁的人谁负责，谁的事谁负责，确保每一起信访事项“事事有回音、件件有结果”。

二是落实联防联动工作机制。联防联动能够在第一时间内整合资源力量，及时就地化解信访问题。在接访方面，深入推动领导干部公开接访、包案、下访、约访制度的落实，做好部门联合接访、责任主体联合接访、律师和心理咨询师联合接访，召开联席会议，成立工作专班，既分工协作，又各负其责，解决群众反映强烈的突出问题。在调解方面，发挥法律、劳动争议调解等部门依法调解的作用，发挥基层干部、班组长、党员、职工代表、信访代理员等就地调解的作用，确保矛盾不上交、问题不上行。在应急处置方面，发挥治保部门、公安部门快速反应、依法打击的作用，联访联动，打防并举，为维护一方平安奠定坚实基础，实现“确保大局稳定，大事不出，小事也不出”的工作目标。

三、矛盾化解源头化，实现员工群众“零非访”

通过对近五年群众反映问题的统计，79%以上的问题来自基层。其中，因政策解读不到位引发的问题占总数的38%；因基层管理不到位引发的问题占总数的21%；因干部态度粗暴、方法简单引发的问题占总数的18%；因关心关爱不到位引发的问题占总数的12%；因部门、单位之间协作不力引发的问题占总数的11%。

矛盾化解源头化的主要目的是抓实预警防控节点，主要从基层源头、信息源头、政策源头入手，通过每一个节点的责任落实及有效控制，达到提前预防和化解矛盾的效果。

（一）抓实基层源头

习近平总书记强调：“党的工作最坚实的力量支撑在基层，经济社会发展和民生最突出的矛盾和问题也在基层，必须把抓基层打基础作为长远之计和固本之策，丝毫不能放松。”实践证明，基层服务化解矛盾和问题的能力越强，企业维稳基础就越牢固。

一是思想上引领。加强形势任务教育，教育引导员工群众正确处理个人与集体利益的关系，倡导命运共同体的观念，让员工群众看到发展充满希望、企业充满活力，营造人心思稳、人心思进、共建共享的浓厚氛围。加强法律法规宣传教育，充分运用职工大会、公示栏、网络论坛、座谈会等多种载体，教育员工群众懂法守法用法，运用法律维护自身权益，引导员工群众依法逐级上访，合理冷静反映诉求。

二是感情上沟通。只有与员工群众建立深厚的感情基础，才能在关键时期得到员工群众的支持和理解。感情沟通、关心关爱重在平时，通过跟班劳动、基层调研以及“走基层、访万家”等活动，深入基层一线、群众家中，掌握员工群众的工作环境、生活环境以及所思所想所盼，面对面了解员工群众关心的热点难点问题，解疑释惑，办实事、办好事，打通干群“连心桥”，奠定深厚的感情基础。

三是日常排查化解。常态化摸排矛盾、防患于未然是做好信访稳定的前提与保障。矛盾纠纷排查主要依靠五级、四级网格，织密网格内排查网眼，细化排查内容，坚持定期排查和动态排查相结合、集中排查和定点排查相结合、全面排查和专项排查相结合，不摸清底数不罢休，不做通思想不撒手，不消除隐患不松懈，不解决问题不放过，切实解决好“排查什么、怎么排查”的问题，最大限度掌握真实情况。

（二）抓实信息源头

一是细化信息收集网络。每个网格注重发挥信息员作用，形成纵向到底、横向到边的信息收集、处置网络体系，提高信息预警能力。坚持网上网下信息同时收集，建立完善网上舆情信息监控管理队伍，及时收集网络舆情信息。重点加强对社会热点、难点问题的收集与分析，及时掌握油田企业内外重大事件的来龙去脉和群众对一些重大问题、热点问题的看法和讨论，主动发声，正面引导，掌控主动权。

二是加强信息分析研判。“信息主导信访”。每个网格对收集到的信息及时进行甄别、分类、研判，筛选出个性问题、共性问题，把握好信访事项的规律性、整体性和全局性。特别是从日常接访中研判信息，有的问题虽然信访量不大，但却带有普遍性、典型性，还有的反映的虽是个别现象、偶发事件，但可以从中推断出某一类或某一层次的问题，形成令人信服的信访信息，从而起到“防患于未然”的作用。

（三）抓实政策源头

一是政策制定时，评估稳定风险。坚持“谁决策、谁评估、谁负责”的原则，在涉及群众切身利益的重大决策出台前，坚持深入调研，进行稳定风险评估，多方征求意见，周密考虑，慎重决策，从源头上防止因决策不当损害群众利益，努力从源头上消除不稳定因素。

二是政策发布时，做好政策解读。深入研究关系员工群众切身利益的制度规定，用简单明了的语言给群众说清楚，需要做什么？做到什么程度？享受什么权益？特别是对于民生政策更要全面分析，正确解读，把好事办好。杜绝因政策解读不及时、解读不正确等原因，造成个人利益受损，把好事办成“坏事”、“闹心事”。做好联合接访工作。立足企业职能部门职责，坚持部门联合接访制度，形成多元化解合力。联合接访过程中，职能部门对于业务范围内的信访事项当场给予解释疏导，一方面减少了信访群众在各部门来回奔波，另一方面使答复和解释更具权威性，信访群众更容易信服接受。

三是政策实施时，高度关注动态。直接涉及民生利益的政策实施时，政策执行部门深入排查、加强预警，提前介入，开展矛盾化解，做到排查不留盲点、不留死角，防范措施有力、化解矛盾到位，确保不发生新的信访事件。针对各项政策及工作措施的实施，信访部门及时与有关职能部门对接，共同研判队伍状况、人员情况及不稳定因素，逐项逐人进行分析，并与基层单位对接，进一步落实相关情况，听取意见和建议，逐项形成稳定风险评估报告，给领导决策提供依据，推进各项改革及措施顺利进行。

风险感知视域下社会风险评估研究 *

□ 曹辰 **

摘要：当前中国正处于经济社会转型期，在社会进步和发展的过程中必然会面临诸多的风险与挑战。目前我国风险呈多领域风险重叠多维度风险交织的态势。然而当前社会风险评估研究仍处于探索阶段，评估实践中对专业人员与普通民众风险感知差异的重视不够，致使评估结论可靠性存在一定欠缺，难以准确反映风险点。本文从风险感知视域出发，探讨风险感知理论对社会风险评估结论的影响，进而提出消除风险感知差异，增强社会评估结论可靠性的路径。

关键词：风险感知理论　社会风险　评估　社会稳定　研究

一、风险与风险评估

《现代汉语词典》将“风险”一词解释为可能发生的危险。在学术层面，德国著名社会学家乌尔里希·贝克（Ulrich Beck）将风险定义为现代化本身引发的危险与不安，是现代化威胁力量以及对这种威胁力量全球化有关后果的怀疑态度（贝克，2018）。1986年贝克在其著作《风险社会：新的现代性之路》首次提出风险社会概念，认为人类所面临的风险随着科学技术的发展产生了本质性的变化。当代社会风险是现代化发展到一定程度的产物，社会风险在不断扩散中呈现典型的“人为不确定性”，人在风险衍生过程中

---

*　本文系湘潭大学研究生暑期调研项目“社会稳定风险评估机制的现实困境与突破：以张家界市稳评项目为蓝本”的阶段性成果。

**　曹辰，湘潭大学法学院硕士研究生。

的作用不断增大（贝克，2004）。英国社会学家安东尼·吉登斯（Anthony Giddens）则将风险划分为外在风险和人为风险两种类型，其中外在风险指主要来源于外在或自然的风险；人为风险指主要来源于社会制度、科学技术的风险，同时，吉登斯强调人类社会发展真正面临的风险是人为风险的增多和扩大（吉登斯，2011）。贝克和吉登斯分别从不同角度对风险的本质和成因进行了研究探讨，基本达成以下共识：

（1）现代社会风险具有自反性，即工业时代后期以来的现代社会产生的社会风险来自于现代社会制度本身；

（2）现代社会风险会经历一个放大的过程，即现代社会风险需要经历一个放大过程才能产生足够的破坏性和危机感，而风险事件信息与各种群体进行的交互，甚至社会福利事务、法律制度本身都可能放大风险。

风险评估（Risk Assessment）是指在风险事件发生之前就该事件可能给人们的生命财产等各个方面造成的影响和损失进行量化评估的工作。自20世纪90年代以来，德英等欧洲国家在工业化发展后期，因社会保障、教育医疗、环境等问题产生了一系列公共危机、信任危机事件。欧洲各国开始注意风险评估方面的研究，试图分析风险产生的原因，进而能预先觉察和妥善处理此类公共危机事件。习近平总书记指出，我国发展将面临来自国内的经济、政治、社会风险以及来自国际的经济、政治、军事等各方面风险，因此，我们必须把防范风险摆在突出位置；党的十九大报告更是把防范化解重大风险攻坚战列为三大攻坚战之首。由此可见，防范化解重大风险既是中央对我国发展形势的科学判断，又是我国经济社会转型的时期直面挑战克服困难，进而维护社会和谐稳定，确保国家稳步发展的重要举措。而当前社会面临的风险既有因我国正处于的特定发展阶段而形成的转型风险，又有因决策机制不完善形成的决策风险（汝信、陆学艺、李培林，2004）。转型风险属于系统风险，其出现具有一定必然性，但决策风险则不属于系统风险、不具有必然性。换言之，即其可以通过一定方法进行规避。影响决策风险产生因素多种多样，主要包括政府决策失灵、群众诉求表达机制不通畅等。而风险评估作为社会调查的形式之一，其可以梳理群众的诉求进而帮助群众将诉求传达至政府，辅助政府规避决策风险。重大建设项目社会稳定风险评估对当前我国发展具有重要的意义，站在改革—发展—稳定的全局高度看，改革发展稳定新均衡的构建迫切需要重大决策稳评，重大建设项目实践也同样迫切需要健全完善社会风险评估。然而当前社会风险评估仍处于探索阶段，实践中评估欠缺科学性、评估结论欠缺可靠性、难以准确反映风险点的问题仍普遍存在，不利于形成客观和具有前瞻性的评估报告。故本文从风险感知视角入手，探讨因风险感知差异而对社会风险评估结论可靠性造成的影响，进而提出消除风险感知差异，增强社会评估结论可靠性的路径。

二、风险感知理论对社会风险评估结论的影响

风险感知是人们对某个特定风险的特征和严重性所作出的主观判断，其由人的心理而引发的对外界风险事件的一系列的认识过程所构成并最终指引人们的决策行为（孟博、刘茂、李清水、王丽，2010）。对风险感知的研究最早可以追溯到20世纪60年代索比（Sowby）设计的风险对比方法。乌尔里希·贝克认为从风险分配的历史中可以看出，风险同财富一样附着在阶级模式上，只不过相较于财富而言风险的积聚呈现出颠倒的方式，即财富积聚于顶层而风险积聚于底层。在此背景下风险本身和公众对风险的感知正逐步重合并在某种程度上互为因果彼此加强。因此那些认为通过所谓科学的方式确立客观风险的风险认知路径却忽略了公众自身感知中对风险的可接受程度，进而指责公众的风险感知是非理性的观点是不恰当的。卡斯帕森在探讨风险的社会放大框架时指出，风险部分是对人们的客观伤害威胁，部分则是文化和社会经验的一种结果（皮金、卡斯帕森，2010）。即风险既呈现客观性特征，又具备一定主观性特征。皮金同样认为人们在风险的本体论上认知往往保持一致，即认同风险是客观的，但在认知论上则存在差异，认为不同的人由于成长背景、知识结构、生活环境等存在差异致使其在风险认知上的差异。这并不意味着公众否认经由科学方式得出的有关客观风险的结论，公众所反对的是只有专家才能认知风险的垄断权威。不同主体在风险感知上的立场差异将会导致其在面对同一风险来源时形成迥异的风险感知水

平进而得出截然不同的结论。这种感知差异在社会风险评估领域表现为在预先设置评估方法并依据所谓科学的方法时得出评估结论未考虑评估相关专业人员与普通公众的风险感知差异，在进行社会风险评估时人为割裂了客观风险与主观风险之间的联系，当缺乏有效的风险沟通时这种割裂了二者间内在联系的风险决策将会产生公众风险认知的涟漪效应。即评估专家认为可接受的风险水平在外行公众看来却具有极高的风险水平，进而导致专家在得出评估结论时未准确反映公众的真实意思，在评估结论中错误估计项目风险，致使政府基于错误认知作出不当风险决策并招致普通公众极力反对。在此情形下本应起到辅助决策预防危险出现的社会风险评估不但没有起到其应有的效果，反而给政府决策造成了阻碍。

三、现行社会风险评估存在的问题——未考量风险感知差异

（一）风险评估调研开始前——评估前置程序设置欠妥

现行风险评估前置程序主要包括成立由政府部门、相关领域专家学者和相关社会风险评估机构组成的社会风险评估小组，由该小组负责落实政府交办的特定评估事项的各项前期准备工作，诸如对各种潜在风险进行分析归类，运用相关社会学知识预先选取调查对象、设计调查问卷，预先设置社会风险的概率与可能会造成损失的预测公式等。然而在现行风险评估前置程序中往往未考量风险感知差异因素，具体表现为：

（1）在组织社会风险评估小组时仅加入政府部门与相关领域学者，未考虑加入接受评估地民意代表，难以更好了解接受评估地具体情况并作出具有针对性的回应。

（2）在设置调查问卷时过分强调专业统计学与社会学知识，设置问题时未详尽考量社会风险评估受众接收能力差异，致使收集公众真实诉求时出现偏差，未反映真实民意。

（3）评估标准过于笼统，实践中，我国大部分地区在进行风险评估时常常采用五性评估法将风险划分为高风险（重大负面影响）、中风险（较大

负面影响）、低风险（一般负面影响）三等，但是这五种指标都是较为抽象的概念，在实践生活中难以具体量化，这直接导致风险评估结论准确性存在欠缺。

（4）预先设置社会风险的概率与可能会造成损失的预测公式时未考量风险感知差异因素，往往赋予客观风险较高的风险数值而忽略了主观风险，致使经由该公式得出的结论仅能较好反映客观风险，忽略主观风险。

（二）风险评估调研进行中——评估沟通方式欠佳

现行风险评估进行过程中评估主体与评估对象沟通方式尚存在部分问题。

（1）目前风险评估进行过程中存在信息搜集工作机制不健全，对民意的理解和倾听尚不到位问题（胡东、郑沫，2015），致使居民对风险的感知难以传达至政府决策部门。

（2）稳评过程中忽略了对公众线上与线下消息的回应与信息反馈，容易促成公众对评估单位和政府的不信任感从而采取不理智行动，致使评估结果容易偏离预期目标。

（3）现行评估方法过于单一，在评估工作中往往只采用问卷调查法与召开听证会方法，虽然上述方式可以较快地收集到相关信息，但其收集到信息的真实性往往存在问题，且问卷调查预制问题往往过于呆板，无法适应变化的舆情。而在具体实践中评估主体也往往仅是机械的完成发放问卷张贴告示流程，而未针对不同情况作出相应变化，难以让群众获得参与感；召开听证会时群众也常会因为被置于一个比较被动的位置而难以完全表达其意见。

（三）风险评估调研完成后——结论得出过分依赖客观数据，忽略主观感受

（1）在风险评估进行后的得出结论环节时所采用的社会风险的概率与可能造成损失的预测公式仅能估计客观风险，难以准确反映主观风险高低，未能全面评估风险。

（2）风险评估调研完成后未重视制定危机处置机制预案，未能详细提出相应解决方案，对政府部门决策参考价值存在一定欠缺。

（3）风险评估整体过程呈静态化，没有全程跟踪导致风险评估结果具有延时性且很多需要一定实践才能暴露的潜在风险难以做到应评尽评，也未能重视评估后新出现的动态风险，导致评估结果不具备时效性。

四、消除风险感知差异，增强社会评估结论可靠性路径

（一）风险评估调研开始前——重构评估前置程序

除进行现行风险评估前置程序之外，风险评估前置程序中还应当做到：

（1）在组织社会风险评估小组时不仅需要加入政府部门与相关领域学者，还应当考量加入接受评估地民意代表，如接收评估地村民、居民委员会委员、村民小组成员、利益受损方代表等成员并积极与其沟通，详尽了解被评估地具体情况，作出具有针对性的回应。

（2）在设置调查问卷时除强调统计学与社会学领域的专业知识外还应考量社会风险评估受众接收能力差异，对于不同文化水平和社会背景的受众要设置符合其特征的问卷与调查方式，如针对文化水平较低的群体问卷设计应尽量简约，对其提出的问题要进行归纳提炼等，以真实反映公众诉求。

（3）制定详细的评估标准，将五性评估法中各项指标进一步细化量化，如将政治方面风险指标落实为信访结访率、公众对政府的满意程度，将生态方面的风险指标落实为自然资源利用率和对周边环境的影响程度等，增强风险评估结论准确性。

（4）预先设置社会风险的概率与可能会造成损失的预测公式时需要将风险感知差异因素纳入考量范围，在预制公式时将被评估地居民对评估项目风险的描述和感知与客观风险放在同样重要的位置并予以评价，对于公众反映风险较大的项目如不能与其取得有效沟通并达成一致，在立项时则需要慎重考虑。

（二）风险评估调研进行中——转化评估沟通方式

（1）在风险评估调研进行过程中我们首先需要做到健全信息搜集工作机制，积极走访被评估地民众与其沟通交流并忠实记录其相关诉求，做到倾听和理解民意。

（2）在风险评估调研进行中需要重视对公众线上与线下消息的回应与信息反馈，定时通过线下公告栏和线上聊天软件和官方网站将风险评估的重大进展和相关事项进行公示并及时听取民众对最新事项的相关意见，确保评估结果不偏离预期目标。

（3）在风险评估调研进行过程中我们需要丰富评估方法，开发问卷调查法与召开听证法之外的其他方法，可以采用诸如走访座谈、邀请部分民众亲身访问风险评估项目等方式，同时在设计问卷时减少预制问题，取而代之以问卷提纲的方式方便评估工作人员针对不同的接受评估对象作出调整，同时可以积极走访接受评估对象或召开座谈会，令民众更加具备参与感以降低其抵触情绪。

（三）风险评估调研完成后——结论得出既重客观数据又重主观感受

在风险评估调研完成后，运用相关公式分析得出评估结论时我们需要注意：

（1）在风险评估进行后的得出结论环节采用的社会风险的概率与可能造成损失的预测公式时既重视反映客观风险的数据，又重视调研中接受评估地居民对风险的自我感知，全面评估风险。

（2）制定危机处置机制预案，根据风险评估调研结论制定健全危机处置机制预案，将相关风险扼杀在萌芽中不令其继续衍变恶化（孔祥涛，2019）。

（3）落实风险评估动态化机制，全程跟踪反馈接受评估地动向，对于可能影响评估结果的事态要及时跟进，必要时进行重新评估以确保结论具有时效性。

参考文献：

（德）乌尔里希·贝克，2018，《风险社会：新的现代性之路》，张文杰、何博闻译，译林出版社。

（德）乌尔里希·贝克，2004，《风险社会》，何博闻译，译林出版社。

（英）安东尼·吉登斯，2011，《现代性的后果》，田禾译，译林出版社。

（英）尼克·皮金、（美）罗杰·E. 卡斯帕森、（美）保罗·斯洛维奇，2010，《风险的社会放大》，谭宏凯译，中国劳动社会保障出版社。

胡东、郑沫，2015，《论重大行政决策社会稳定风险评估制度的构建：理论、问题与对策》，《南京工业大学学报（社会科学版）》第1期。

孔祥涛，2019，《科学推进新时代社会风险治理》，《中国党政干部论坛》第3期。

孟博、刘茂、李清水、王丽，2010，《风险感知理论模型及影响因子分析》，《中国安全科学学报》第10期。

汝信、陆学艺、李培林，2004，《2005年：中国社会形势分析与预测》，社会科学文献出版社。

社会调查与案例分析

从意见分歧到激烈冲突：社区矛盾纠纷演化的内在逻辑和善治路径

——基于G市T区小区旧楼电梯加装的案例分析

卢文刚　廖泽舜

从意见分歧到激烈冲突：社区矛盾纠纷演化的内在逻辑和善治路径

——基于G市T区小区旧楼电梯加装的案例分析*

□ 卢文刚　廖泽舜**

摘要： 随着经济社会发展和老龄化程度提高，城市老旧小区电梯加装需求不断增加。国家和一些地方政府对此采取了许多支持性措施。然而在实践中，由此而引发的小区住户意见分歧和矛盾纠纷乃至冲突事件不在少数。本文基于G市T区小区旧楼电梯加装这一城市老旧社区更新"微改造"案例，分析从意见分歧到激烈冲突演化的内在逻辑及存在问题，从地方立法、行政理念、社区管理、社会资本、司法机制等方面探索善治路径，力求对作为国家中心城市和改革开放排头兵的G市破解城市基层治理难点痛点，打造共建共治共享社会治理格局和推动城市治理体系和治理能力现代化有所启示。

关键词： 基层治理　矛盾化解　电梯加装　内在逻辑　善治路径

一、问题的提出

习近平总书记在贵州视察时指出："基层强则国家强，基层安则天下安，必须抓好基层治理现代化这项基础性工作。要坚持为民服务宗旨，把城乡社

*　本文系2020年国家社科基金重大招标课题"基于灾变场景的应急社会学体系研究"(20&ZD0151)；2021年度广东省教育科学规划课题"新发展格局下大湾区矛盾纠纷化解、重大风险防控协同治理研究"（2021GXJK196）阶段研究成果。

**　卢文刚，暨南大学粤港澳大湾区应急管理教育促进会会长、广东省物业管理行业协会高级顾问，主要从事城市安全发展与基层治理研究；

廖泽舜，暨南大学公共事业管理专业2019级学生。

区组织和便民服务中心建设好，强化社区为民、便民、安民功能，做到居民有需求、社区有服务，让社区成为居民最放心、最安心的港湾。”基层社区治理的重要性可见一斑。

近年来，随着我国经济社会发展和老龄化程度提高，许多城市的老旧小区楼房住户尤其是年纪较大的住户迫切需要加装电梯以缓解“出行上下难”问题。在国家层面，在 2018 年政府工作报告中，李克强总理强调“有序推进‘城中村’、老旧小区改造，完善配套设施，鼓励有条件的加装电梯。”在 2019 年政府工作报告中，李克强总理再次表示“支持加装电梯”。在地方层面，许多城市政府也纷纷针对老旧小区旧楼加装电梯给予补贴。然而，在大力推进加装电梯过程中，各地也发生了许多“加建”住户与“反建”住户激烈的冲突事件，近年见之于媒体报道的加装电梯纠纷冲突事件如表 1 所示。

表 1　近年全国各地加装电梯典型冲突事件简表（不完全统计）

年份	所在城市	基本情况	事件所造成损失或后续处理
2018 年	杭州市	杭州嘉绿西苑 47 幢 5 单元住户遭 49 幢居民反对其加装电梯，双方产生矛盾。	双方争执不断，社区调解无果，陷入僵局。
2019 年	广州市	广州市越秀区东环路地质大院 1 名住户与其他住户围绕电梯加装产生分歧，在施工现场暴力阻挠。	住户在阻止加装电梯过程中突发心脏病，后抢救无效离世。
	厦门市	厦门市思明区莲花花园 5 号楼护老院经营者因反对其他业主加建电梯而推着坐在轮椅上的老人冲向人群。	造成老人倒地受伤。
	福州市	福州市鼓楼区的琴亭苑小区业主们申请加装电梯，但有少部分业主反对，双方甚至为此发生了肢体冲突。	双方协商无果，不欢而散。
2020 年	广州市	广州市天河区金燕花苑 32 号楼加建电梯，邻栋 38 号楼业主以“施工影响道路通行、消防通道”的名义阻止加装电梯施工，施工现场爆发冲突。	双方调解无果，准备以司法途径解决纠纷。

续表

年份	所在城市	基本情况	事件所造成损失或后续处理
2020年	佛山市	佛山市禅城区怡景丽苑某住户因为加装电梯事宜，引发矛盾冲突，反对方一男子冲入人群袭击赞成加建方住户。	男子被警方控制并带回派出所调查。
2021年	温州市	温州市海欧区景山街道银来花苑2幢楼居民围绕加装电梯的方式引发直接冲突。	双方拳脚相加，造成双方居民不同程度受伤。
	合肥市	合肥市包河区东航银杏小区6号楼1单元的楼上居民已与电梯安装公司签订了合同，但楼下住户因为不满电梯加装方案阻拦施工。	多年老街坊感情受损，准备以司法诉讼途径解决纠纷。
	乐山市	乐山市新天国际小区4栋的居民楼电梯加装施工过程中受到原本持无异议的住户反对并现场阻挠。	公安、住建等部门介入协调，反对方准备以司法途径解决纠纷。
	成都市	成都市温江区向阳花园B区住户在老旧小区电梯安装中产生纠纷，部分高层住户与暂未签订安装协议的低层住户产生矛盾。	高层住户对低层住户进行谩骂、骚扰、威胁等，导致双方多次闹到派出所。

G市是某省省会、副省级市、国家中心城市、超大城市、国务院批复确定的中国重要的中心城市，全市下辖11个区，总面积7434平方千米，2020年常住人口1867.66万人。G市有3200个左右住宅小区，已成立业主组织的占比不足30%。综合媒体报道，截至2019年底，G市累计完成加装电梯规划审批共6864宗，已建成投入使用共4718台，惠及居民70多万人，该市的审批电梯总数和建成电梯总数均远远高于其他城市，位居全国各大城市首位。市委市政府部署计划2020年全市加装电梯数比2019年增加20%。然而，G市在强力推进加装电梯中，社会上也同样发生了许多“加建”与“反建”住户激烈的纠纷冲突事件，如小区住户在施工现场爆发肢体冲突等。电梯是准公共物品，具有惠民利民性质，但是为何会导致住户从意见分歧演化为激烈冲突？作为国家中心城市和改革开放排头兵，G市如何在社会基层治理中破解矛盾冲突恶性循环困局并探索出善治路径，成为重要的城市治理命题。

二、多方博弈：一个分析框架

公共管理学界对小区旧楼电梯加装——这一城市老旧社区更新“微改造”问题进行了案例式研究。学者们主要从以下角度探讨:（1）基于居民参与视角而提出“诉求激发公共性”是居民参与社区治理的内在逻辑，需要政府识别居民诉求、社区协调居民诉求和居民组织化参与（周亚越、吴凌芳，2019）。（2）基于集体行动视角而提出集体协商、利益补偿以形成一致契约和达成合作治理（章平、刘宇飞，2016）。（3）基于公共物品视角而提出地方政府应该较少介入和提供过多费用，而是要遵循业主自治的社区公共物品供给的基本治理之道（周亚越、唐朝，2019）。（4）基于社会冲突视角而提出要促使冲突从破坏性向建设性转变，促进利益整合和多方对话，同时发挥制度环境和社区能人的作用。已有研究多视角分析了小区电梯加装问题，但是其涵盖的主体相对有限，也较少地从制度、理念等层面分析矛盾冲突根源，难以较好地探索出突破困境、善治路径。

小区旧楼电梯加装涉及政府、社区、物业公司和住户等多方主体。多主体在博弈中形成了共同体。其中，政府兼具监管、补助、复议等职能，而小区物业公司或社区主要负责协调调解，而住户大体可分为反建和加建两派，电梯公司则是追求现实利益最大化。其示意图框架如图 1 所示：

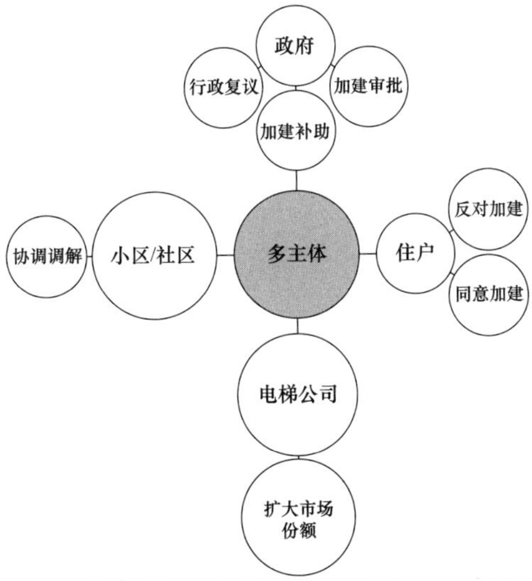

图 1　加装电梯多主体协商、博弈框架示意图

三、事件经过

（一）住户之间存在意见分歧

在 20 世纪 90 年代末，位于 G 市北郊的 T 区在新城区建设了大量的商品房，商品房大多是 7—9 层，基本没有引入小区物业公司管理。在日常管理中，住户之间较少沟通，对公共事务关注度低。其中，T 区新城区 4 栋 A 住户是该区相关部门领导，具有较丰富的社会关系和资源。早在 2010 年左右，他便提议加装电梯以方便住户上下楼。那时，大部分住户初步表示同意此事，但是由于电梯加装服务尚不成熟完善，该事情暂时搁置。到 2017 年年末，4 栋附近的 2 栋和 3 栋等楼住户纷纷加装电梯，A 住户联合本栋 B 住户提议加装电梯。在 A、B 两户的共同发动下，共征得该楼超过 2/3 的住户签名同意。根据 G 市物业管理条例规定，改建、重建建筑物及其附属设施属于业主共同决定事项，应当由专有部分面积占 2/3 以上的业主且人数占比 2/3 以上的业主参与表决通过。因而，以 A 和 B 为首的住户具备加装电梯的条件后，他们没有与剩余持反对态度的住户沟通商量，直接向当时的 T 区国土资源和规划局提出建设申请。

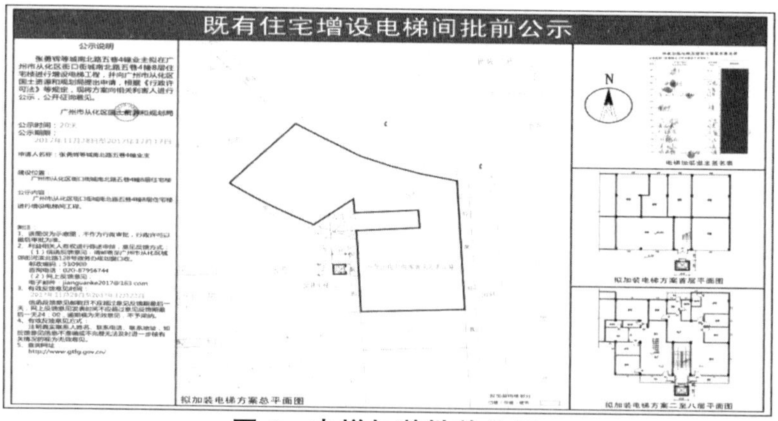

图 2　电梯加装批前公示

（二）G 市国土部门颁发《建设工程规划许可证》，双方沟通无果

2018 年年初，G 市颁发《建设工程规划许可证》。在建设前的公示期间（电梯加装批前公示如图 2 所示），持反对态度的住户多次尝试与牵头人 A、B 住户沟通，但是后者以“少数服从多数”为由搪塞。其中，1 楼商铺租户

是失业的低收入者，日常依靠电动车、自行车保管维持生计，电梯建设首当其冲地冲击其生计；402 房和 502 房住户认为电梯加装会严重影响其房屋采光。于是，反对加建的住户形成“反建”阵营；以牵头人 A、B 为首的住户成“加建”阵营。

（三）寻求社区调解和行政复议

在双方沟通无果情况下，“反建”阵营向所在社区提出调解请求。双方在社区会议室进行沟通协商。在此过程中，“反建”阵营代表有所让步，提议修建以透明玻璃为外壳的电梯，从而减少对采光的不利影响。“加建”阵营住户代表以政府部门建设许可证为“尚方宝剑”，态度较为冷淡傲慢，直接拒绝对方的提议。在此过程中，社区工作人员出于工作简便考虑，较多地偏袒“加建”阵营，对于“反建”阵营采取劝解的方式，劝告其接受政府部门所作出的批准。最终，双方社区调解破裂。

其后，“反建”阵营代表向 G 市政府提出行政复议，请求撤销《建设工程规划许可证》。G 市政府认为“颁发《建设工程规划许可证》事实清楚，证据确凿，依据正确，程序合法，依法应予维持”，并附上 T 区国土部门的现场勘测以证明不存在影响采光问题。

（四）施工现场爆发激烈冲突

由于社区调解和行政复议均没有解决双方意见分歧，施工现场的激烈冲突似乎不可避免地发生。在施工当天，1 楼商铺户主将大货车堵在施工处，其租户酒后多次冲撞施工现场，阻挠施工人员开挖坑口，商铺户主还雇人推倒施工围栏。场面一度混乱，公安、城管等部门人员相继到场维持秩序。

在此后施工过程中，1 楼租户多次辱骂“加建”住户，痛陈其背信弃义。4 楼和 5 楼的“反建”住户与“加建”阵营住户形同陌路，拒绝缴纳加装电梯费用，双方从昔日和谐相处的好街坊成为仇人。最后，“加建”阵营如愿以偿地加装电梯并宣告“剥夺”“反建”住户使用权利。基于诉讼周期长等现实考虑，“反建”住户暂缓诉讼事宜。

四、事件从意见分歧到激烈冲突演化的内在逻辑

上述案例并非由电梯加装引发基层社区矛盾冲突的个案，而是集中反映了城市老旧小区“微改造”公共事项的解决与处理受到现行制度、行政方式、社区建设、社会服务和合法性问题等的影响。多种因素在基层社会成员意见分歧向矛盾冲突的过程中叠加、耦合发挥着催化加剧作用。这些因素具体导致以下问题：

（一）制度刚性加剧住户分歧与冲突

《民法典》和G市2020年新修订的《物业管理条例》均规定改建、重建建筑物及其附属设施属于业主共同决定事项，应当由专有部分面积占2/3以上的业主且人数占比2/3以上的业主参与表决通过。虽然这一规定有助于改建、重建项目更容易地推进，但是也暴露出立法者的单位制思维，习惯于“少数服从多数”的原则。随着单位制的瓦解，现代社会原子化趋势加强，社会成员往往在公共事务中更注重个人利益得失，他们的利益诉求渐趋多元化，难以通过统一标准规范社会成员偏好。

因而，《物业管理条例》的双“三分之二”条文实际上是以制度刚性控制住户。不同于国家重大事项获得一定人数比例支持即可通过，同住一栋楼的住户朝夕相处，在“准公共物品”——电梯问题上需要务实地相互沟通交流，争取在充分沟通基础上弥合分歧，而不是以人数赞成多寡为王，导致赞成人数多的住户恃强凌弱，激化原本的意见分歧为矛盾冲突。因而，现行法律法规的制度刚性客观上成为加剧住户分歧与冲突的“催化剂”。

（二）价值理性让位于科技理性

在该事件中，G市政府倾向于从技术角度证明电梯加建不存在影响采光问题。这反映出政府部门在“科技主义”下缺少人文关怀。当社会矛盾纠纷问题发生时，困扰民众的不仅仅是科技上的争议，更多的是涉及价值上的分歧。电梯加建本属于公民自治事务范围，应该由民众自行决定，但是G市政府将电梯加建纳入了年度工作目标，强力推进加建审批，其中难免存在操之过急和职能越位之嫌。虽然电梯加建是惠民实事，但是政府职能越位是不可取的。电梯加建涉及复杂的建筑产权、使用影响、受众感官等一系列问

题，并非简单的科技证明和行政审批就能解决所有的矛盾纠纷。倘若一味追求科技化、速度化，电梯加建可能会引发各种基层社会问题而不利于社会秩序和谐稳定。

（三）社区调解机制建设迟滞

G 市新修订的《物业管理条例》第七条规定："居民委员会应当建立业主、业主委员会和物业服务人协调机制，协助镇人民政府、街道办事处指导和监督社区内物业管理活动。"实际上，在缺乏小区物业管理的老旧小区，社区不仅肩负着服务社区住户的职责，还发挥着在调解中化解基层矛盾纠纷和促进社会和谐的重要作用。

然而，目前的 G 市 T 区社区调解机制建设远远滞后。在身份层面，社区工作人员往往非本社区住户，与社区不存在密切的人缘、地缘关系，客观上不必然存在社区关系中的威望与声望。在资质层面，社区工作人员普遍学历和素质较低，纠纷调解能力不足，难以识别和有效解决各方利益诉求。在属性上，当前的社区有着浓厚的行政化色彩，社区工作人员往往以"官方"身份处理问题，容易将社区推向政府"对立面"，立足于压制持反对意见的住户而不耐心倾听和分析其诉求（卢文刚，2016）。因而，现有的社区调解机制远远滞后于时代发展变化，难以适应城市社区居民素质提高、诉求日益多元、矛盾多发易变的现实情况。社区调解的功能性失效为矛盾纠纷冲突埋下隐患。

（四）物业管理服务的缺失

《民法典》第二百八十四条规定："业主可以自行管理建筑物及其附属设施，也可以委托物业服务企业或者其他管理人管理。"《物业管理条例》第四十九条规定："业主依法确需改变公共建筑和共用设施用途的，应当在依法办理有关手续后告知物业服务企业。"在社区人际关系日益冷淡和诉求多元的背景下，社区公共事务治理最好由专业的物业公司统一协调管理和服务。然而，一方面，老旧小区普遍存在管道老化、线路杂乱、修补加建等各种问题；另一方面，却往往缺少专业物业公司管理，这导致小区公共事务缺乏规范的发起、沟通、处理的流程，不利于统合多方意见和达成共识。在引入物业公司的小区内，一些物业公司在社区住户的纠纷问题中往往以“旁观者”身份出现，他们仅仅拥有被告知的权利，寄希望于双方的自行调节而不是主动地促进沟通和解。物业服务的长期缺失同样为日后的矛盾纠纷甚至冲突提供了孕育环境。

（五）合法性矛盾消解方式不足

在电梯加建中，在社区调解、行政复议用尽后，合法性途径只剩下诉讼。《民法典》第二百八十七条规定：“业主对建设单位、物业服务企业或者其他管理人以及其他业主侵害自己合法权益的行为，有权请求其承担民事责任。”然而，法律维权程序复杂、时间漫长且电梯建设工程在诉讼阶段不受影响。这意味着在诉讼结束后，电梯加建工程或许早已完工。即使电梯因违法需拆除也不太现实。因而，合法性矛盾消解方式并不能真正给住户提供及时有效的帮助。因而，住户往往不得不采用阻挠、破坏的方式冲击电梯施工活动。虽然住户的方式并不合法，但是其背后隐含着多种无奈与愤怒情感。在一定程度上，合法性矛盾消解方式的不足使矛盾纠纷在特定时刻集中地爆发，导致意见分歧最终升级为激烈的矛盾冲突，造成两败俱伤。

五、治理策略与路径

在政府的政策支持、民众需求增加和社会企业的推动等多方耦合作用下，电梯加装建设工程在各城市老旧小区逐步推广。因而，如何避免以往电梯加装过程中发生冲突、低效的零和博弈，高质量和谐推进电梯加装建设工程成为基层治理探索的难题与方向。建议从以下方面进行优化完善：

（一）及时纠正偏差，重在凝聚共识

哈贝马斯曾提出，在公共领域中，个体公民聚集在一起，共同讨论他们所关注的公共事务，形成某种接近于公众舆论的一致意见。小区老旧公共建筑的加建、改建等事务具有公共性的特征，需要在充分讨论协商基础上达成共识。立法机构应转变“单位制”立法思维，着眼于现代社会个体诉求多元化现实，要求业主针对共同事项要全票通过。诚然，“全票决定”制度可能存在“落地难”问题，小区公共事项往往因为业主的分歧而搁置。然而，

“全票决定”机制有助于从票数为王向共识至上转变，优先处理存在的分歧，为日后建设减少人为障碍。小区不同住户存在意见分歧本属正常，但是不能一味地抑制异见，而是要按照“有事好商量”的原则建立共同协商机制。2016年，G市人民政府办公厅印发的《G市既有住宅增设电梯办法》第七条明确指出，申请增设电梯的业主与不同意增设电梯的业主进行协商以及对利益受损业主进行补偿的资金筹集方案应该以书面协议协商达成解决方案。这充分说明在电梯加建中住户双方协商的重要性和必要性。因而，由小区事项的牵头人或社区等发起协商会，促进彼此开诚布公地表达观点诉求，如围绕电梯加建的选址、公司品牌、出资比例和日常维护等方面进行充分沟通协调，最大程度地减少分歧和凝聚共识，探索出一个被多方接受的“折中方案”。

（二）坚持价值理性与科技理性相统一

一方面，政府部门运用现代科技监测数据等作为依法行政的依据无可厚非，这有助于提高公共事务治理的精准性、合理性。另一方面，政府部门还要坚持价值理性，要树立人文关怀思维，充分考虑民众对关乎切身利益的公共事务的合理诉求，不能以政绩为导向而简单运用行政力量强力推进电梯加建等民生实事，而是要在尊重民意的基础上循序渐进地推进，尽可能地鼓励民众自治参与，为小区公共事务治理营造良好的氛围。

（三）优化社区调解机制，提升基层矛盾化解能力

社区调解机制是化解基层矛盾纠纷和防范基层突发事件风险的关键，必须持之以恒地优化完善。在调解队伍建设上，有条件情况下要注重选用本社区住户，发挥其熟悉社区环境、问题的优势，注重选用具有法律知识的人员，整体提高调解队伍人员素质和能力；在参与形式上，发挥基层党建引领作用，召开由政府审批部门人员、社区在职党员、住户、物业、社工等多方主体组成的民主协商会，发挥党建统合作用；学习借鉴国外先进城市自治经验，减少社区“行政化”色彩，促进社区民主自治。

（四）推动物业服务提质增效

目前，发展起步较早的城市存在着大量的老旧小区，这些老旧小区由于物业服务良莠不齐甚至缺失，存在“脏乱差”、公共事务解决难等问题，

在一定程度上反映出“公地悲剧”。因而，政府应该多途径鼓励社会资本进入城市老旧小区，成立以小区物业为牵头的公共事务议事内部协调机制，尽力将意见分歧解决于小区之内。针对已经引入物业服务的小区，《物业管理条例》等行政法规和地方性法规需要以法律形式赋能小区物业管理机构，改变其“被告知”的弱势状况和处境，增强其监督管理和参与协调的权力。

（五）健全合法性矛盾消解机制

在依法治国背景下，要以法治的思维与框架解决基层矛盾纠纷问题。针对现行诉讼周期长、程序复杂问题，司法机构和行政审批机构需要联合探索建立高效化的审判机制，在争议未决时暂时中止加建事项，避免加建后判决实施难或审判沦为形式、甚至引发新一轮矛盾纠纷的困境。针对社区公共事务多学科知识交叉问题，司法机构需要建立辅助性智力参考机制，既要发挥法官依法审判民事案件作用，又要引入外部专业人员作为咨询对象，为解决专业性较强的社区事务提供意见参考。

六、结语与讨论

基层社区治理是城市治理的“神经末梢”，关乎城市大局安全和谐稳定。当前，随着经济社会快速发展和变化，社会公共事务治理难度、广度不断提高，基层矛盾冲突处于触点多、燃点低、多发易发的状态，影响基层和谐稳定甚至容易引发大规模抗争活动。因而，传统治理方式中的单一政府行政强力推进已经难以有效应对这一新形势与新挑战，必须多途径化解基层矛盾冲突与风险挑战。作为国家中心城市、超大城市、粤港澳大湾区国际大都市的 G 市应当在基层治理中有所作为、主动善为，要从地方立法、行政理念、社区管理、社会资本、司法机制、调解机制等方面探索改进城市老旧社区电梯更新等“微改造”，减少基层公共事务引发的矛盾冲突，推动基层社区形成良好的社会生态，建立起与其城市地位相匹配的社区治理形态。同时，G 市要充分发挥辐射带动作用，为其他城市树立社区善治经验模式，推动共建共治共享的社会治理格局形成与发展，为推动城市治理体系和治理能力现代化而不懈努力。

参考文献：

卢文刚，2016，《国家治理体系下的社区治理创新："三社联动"模式优化路径探讨》，《宁夏大学学报学报》第 1 期。

卢文刚、霍泽俏，2021，《住宅小区电梯事故应急管理要素及治理策略——以福州市 13 岁男孩电梯自救坠亡事件为例》，《中国房地产》第 8 期。

章平、刘宇飞，2016，《如何通过集体协商达成社区公共品的合作治理——以蛇口翠竹园小区加装电梯为例》，《城市观察》第 6 期。

周亚越、唐朝，2019，《寻求社区公共物品供给的治理之道——以老旧小区加装电梯为例》，《中国行政管理》第 9 期。

周亚越、吴凌芳，2019，《诉求激发公共性：居民参与社区治理的内在逻辑——基于 H 市老旧小区电梯加装案例的调查》，《浙江社会科学》第 9 期。

观点摘登

观点摘登

化解接触治理难题的现实路径

《中国社会科学网》2021 年 8 月 25 日刊发黑龙江大学政府管理学院李沫撰写的文章指出， 基层治理是社会治理的重要组成部分，基层社会治理水平的提高直接关系到国家社会治理效能的提升。近年来，我国的基层治理水平提升速度较快，逐渐构建起网格化、精细化、信息化的基层治理新格局。在新冠肺炎疫情的考验下，基层社会治理创新的活力被充分激发，但如何在基层治理方式创新的同时保持治理的公共价值导向、满足社会成员的公共性诉求，成为基层治理无法回避的重要问题。

一是整合基层治理组织职能，重构基层治理体系。合理配置基层治理组织职能是解决公共治理责任超负荷下沉的关键。首先，必须明确不同层级政府的职能内容，以此解决因职责划分不清而导致的政府职能层层下移的问题。其次，必须明确基层政府与市场组织、其他社会组织之间的职责边界，以此减少基层政府不应承担、不能承担的治理任务，发掘社会自治力量的治理功能。新时代的基层治理应该构建起党建引领的四级联动治理体系、两委与其他社会组织的协同治理体系，以及职业化的社会工作者体系。

二是优化基层公共空间性能，建构公共空间治理规则。传统公共空间与虚拟公共空间具有不同的运行框架和互动模式，应采取不同策略兼顾发展，优化两种公共空间的性能。与此同时，必须建构公共空间治理规则，引导公众参与治理互动，避免公共空间堕落为公众传播不良思想、宣泄负面情绪的场所。尤其针对新兴的虚拟公共空间，应该尽快出台相应的治理规则，在惩治有损公共利益信息发布和传输行为的同时，增强基层治理的有效性。

三是创新基层治理共识形成机制，重塑公共理性精神。通过完善多元主体参与机制细化利益相关方需求，避免产生利益表达盲点；通过参与程序的设置合理规避可能的利益对立方发生利害冲突。健全治理信息共享机制以保证信息及时、准确、全面地传递到各方参与主体手中。治理协商过程控制机制可以通过恰当确立协商主体、发挥主持者引导作用、实施灵活主动的答疑等方式促进公共性共识的形成。此外，还应发挥社会主义集体观念的引领作用，通过偏好公开表达和磋商反思机制，重塑各方参与主体的公共理性精神。

（摘自《中国社会科学网》2021 年 8 月 25 日，本文原文题目《深入剖析基层治理公共性》，系黑龙江省哲学社会科学研究规划项目“黑龙江省嵌入式社区养老机构服务质量监测与治理路径研究”〔20ZZB010〕阶段性成果）

完善推进基层治理体系和治理能力现代化的要素结构

《光明日报》2021 年 8 月 17 日刊发四川大学公共管理学院教授、城乡基层治理研究院院长姜晓萍撰写的文章指出，习近平总书记高度重视基层治理工作，反复强调“基层强则国家强，基层安则天下安，必须抓好基层治理现代化这项基础性工作”。

基层是一个生命体，不仅有空间表征上的层级、场域，也有时间序列的传统、变迁、发展。基层治理体系是涉及发展与治理、活力与秩序双向互动的系统性工程。其要素包括空间、规模、人口的适配性；规划、建设、管理的周期性；生产、生活、生态的宜居性；改革、发展、创新的驱动性；科技、文化、艺术的互动性；政府、社会、居民的协同性等。这就需要我们用“全周期”理念指导基层治理，在坚持因地制宜，分类指导、分层推进、分步实施的过程中牢牢锚定基层治理的核心价值、关键环节和要素结构。一是坚持基层治理的“党建引领”。明确党对基层治理的全面领导是新时代基层治理现代化的根本保证，塑造党建引领基层治理的体系，推动党的组织形态和治理形态的功能性、区域性和体系性有机统一，构建以党组织为核心的多层次、多维度、立体化基层治理系统，强化党群血肉相连、心灵相通。二是守护基层治理的“民生基本”。习近平总书记指出：“为什么人的问题，是检验一个政党、一个政权性质的试金石。”实现人民群众对美好生活的向往，始终是基层治理体系和治理能力现代化的目标。要激发群众对基层治理的参与意识、认同意识，必须以保障改善民生为牵引，始终把人民的利益放在首位，尊重民意、依靠民智、珍惜民力、实现民愿、赢得民心。造就人人都愿有序参与、人人都有成功机会、人人都享有幸福美好、人人都有归属认同的基层治理正能量。三是推进基层治理的“制度创新”。基层治理面临工作压力大、群众诉求多、资源保障弱、队伍成长慢、解决问题难等一系列问题，既需要通过政治建设、组织建设破解现实难题，更需要通过流程再造、资源整合、能力建设突破机制瓶颈。既需要通过高质量发展保障社会活力，更需要通过高效能治理来维护社会秩序。面对基层治理的复杂性、挑战性、差异性，地方各类基层治理实践证明：体制改革是基层治理有效性的原动力，机制创新是基层治理高质量的效能保障。要建立基层治理创新的容错机制、激励机制，激发基层干部群众的探索勇气、创新思维。进而提炼基层治理创新的中国范本、中国经验，提高创新实践的推广价值和示范效应。四是注重基层治理的“可持续发展”。基层治理是一个可持续的过程，从“跟跑”到“领跑”，包括了学习模仿、试点改革、经验扩散、优化提升的成长周期。因此，我们既要系统谋划基层治理的发展战略、发展目标、实现路径、资源保障，保障基层治理体系的持续生命力，也要健全基层治理的服务标准体系、主体职责体系、绩效评价体系、质量监测体系，着力提高基层治理社会化、法治化、智能化、专业化水平。

（摘自《光明日报》2021年8月17日，内容有删减。本文系作者主持的国家社科基金重大项目《高质量导向下城乡社区治理和服务体系建设的有效性研究》〔21ZDA110〕的阶段性成果）

深刻把握党建引领社会治理创新的根本遵循

《学习强国》2021年8月17日刊发中国浦东干部学院中国特色社会主

义研究院特聘研究员李德撰写的文章指出，社会治理是国家治理的重要方面。党的十九届四中全会强调，必须加强和创新社会治理，完善党委领导、政府负责、民主协商、社会协同、公众参与、法治保障、科技支撑的社会治理体系，建设人人有责、人人尽责、人人享有的社会治理共同体。党的十九届五中全会提出，“十四五”期间要努力实现“社会治理特别是基层治理水平明显提高”的目标。党的基层组织是党在社会基层组织中的战斗堡垒，是党的全部工作和战斗力的基础。创新社会治理体制，要把资源、服务、管理放到基层，把基层治理同基层党建结合起来。新时代，要不断探索践行更有力量的基层党建，引领创新完善更有实效的社会治理。

推进社会治理现代化，创新社会治理方式是关键。一要强化自治的基础作用。基层群众自治是人民当家作主的最直接形式。要健全基层党组织领导的基层自治机制，推进民主选举、民主协商、民主决策、民主管理、民主监督。突出群众自治主体地位，充分发挥村（居）委会自治功能，推动业委会等组织规范运作。

二要强化法治的保障作用。法治是国家治理体系和治理能力的重要依托。要坚持用法治精神审视社会治理、用法治思维谋划社会治理、用法治方式解决治理难题。要加强立法，有规划、有重点、有步骤、点面结合地推进社会治理领域立法，完善社会治理相关法律法规，明确各类社会主体参与社会治理的权利、义务和程序，搭建立意良善、权责明晰、预期稳定的社会治理法治体系。

三要强化德治的教化作用。道德是基石，任何时候都不可忽视。要推进德治与平安文化的融合贯通，将符合社会主义核心价值观的优秀本土文化，渗透到社会生产生活各方面。深入挖掘德治资源，健全德治体系，强化德治约束，用柔性治理提高社会韧性。加强诚信奖惩机制建设，推动在物质奖励、荣誉评选等方面让有德者有“得”，树立鲜明价值导向。

四要强化智治的支撑作用。要推进现代科技与社会治理的深度融合，实现社会治理智能化。善于运用新技术精准匹配社会治理资源，创新探索主题式、套餐式、移动式服务方式，缩短服务群众距离。加强以信息化、智能化为特征的社会治安防控体系建设，充分运用大数据等技术、平台和资源，强化对各类基础要素的时空关联和动态信息的汇总研判、挖掘分析，提高预测预警预防能力。

（摘自《学习强国》2021 年 8 月 17 日）

进一步提高应急处突的见识和胆识

《学习时报》2021 年 8 月 11 日刊发评论员胡敏撰写的文章指出，近一个时期一些碎片式风险事件接续出现，让人们有些糟心。这些事件虽然是偶发性的、局部性的，但具有比较明显的风险特征，客观上对经济社会稳定产生了一定冲击。有关部门和地区积极应对这些突发事件，及时主动采取措施，比较好地管控了风险蔓延，事件的处理正在向好的方向发展。反思这些风险事件的发生机理和深层原因，的确揭示了我国经济社会快速发展进程中客观存在的一些矛盾和问题，但更暴露了我们一些领导干部在应对紧急事件、处理突发危机方面尚存在的不少能力短板和知识弱项。

当今世界正经历百年未有之大变局。我们面对更加复杂多变的国际形势和艰巨繁重的国内改革发展稳定任务，前进的道路上会有各种艰难险阻，可以预料和难以预料的风险挑战也更多更大。增强风险意识，下好先手棋、打好主动仗，做好随时应对各种风险挑战的准备，比以往任何时候都更加重要。对各级领导干部特别是年轻领导干部来说，切实提高应急处突能力也变得十分紧迫。习近平总书记将“提高应急处突能力”作为对中青年干部应对当前复杂形势、完成艰巨任务，解决实际问题必须提高的“七个方面能力”的重要能力之一，要求年轻干部努力成为所在工作领域的行家里手，要不断提高应急处突的见识和胆识，极具远见卓识。

见识是应急处突能力的知识基础和实践要求。领导干部首先要牢固树立底线思维，时刻做到居安思危，增强前瞻意识和忧患意识，宁可把形势想得更复杂一点，把挑战看得更严峻一点，做到有备无患、心中有数；其次，对可能发生的和已经到来的各种风险挑战，能够处变不惊，遇事不慌，做到分类施策、精准拆弹，有效掌控局势、及时化解危机；再次，在平时就要历练心智，做好基本训练和知识积累，做好各种工作预案。在重大突发事件来临之时，面对来自方方面面的困难与矛盾，与正常工作程序的决策和执行相比，年轻干部的心理紧张程度和心理承受压力往往很大，如果没有长期的实践历练和专业心理训练，就很难精准预判、快速反应和协调处置。当然，还要紧密结合应对风险实践，查找工作和体制机制上的漏洞，及时予以完善。在这次南京禄口机场疫情传播的处置上，我们的确看到了在预判风险、谋求战略主动、完善工作机制上的种种差距。

胆识是应急处突能力的重要支撑和责任要求。我们正处于中华民族伟大复兴的关键时刻，必须进行具有许多新的历史特点的伟大斗争。习近平总书记始终要求新时代干部必须发扬斗争精神、坚定斗争意志，增强斗争本领。当严峻形势和风险挑战摆在面前时，领导干部的胆识就体现在骨头硬，不胆怯、不当逃兵，敢于出击、敢战能胜的坚韧意志上，就体现在“关键时刻冲得上、危难关头豁得出”的担当本色上，就体现在大是大非面前敢于亮剑，在歪风邪气面前敢于坚决斗争的高超本领上。在应对河南郑州等地区洪涝灾害时，我们就看到了不少党员干部、解放军武警官兵等这种临危不惧、冲锋在前、勇于担当的胆识和锐气。

（摘自《学习时报》2021 年 8 月 11 日）

在生态文明建设中坚定贯彻新发展理念

《北京日报》2021 年 8 月 9 日刊发由中国社会科学院生态文明研究所副所长庄贵阳和中国社会科学院研究生院经济学博士丁斐撰写的文章指出，“十四五”时期，我国将进入新发展阶段，发展基础更加坚实，发展条件深刻变化，进一步发展面临新的机遇和挑战。在这一背景下，正确认识并发挥好新发展理念在生态文明建设领域的“指挥棒”和“红绿灯”作用，具有重要的理论与实践意义。

第一，加强理论学习，消除理解和贯彻新发展理念方面存在的认识误区。贯彻新发展理念不仅是政治性要求，也是知识性、专业性要求，包含大量充满时代气息的新知识、新经验、新信息、新要求。解决新发展阶段出现的新问题，不能总是沉迷于过去长期形成的老思路、老办法，而是要加强学习，跟上时代步伐，不断提高自身知识水平和业务能力。

第二，突出新发展理念对经济高质量发展的引领作用。实现人与自然和谐共生的现代化，推动生态文明实现新进步，既是高质量发展在生态文明建设领域的具体表现，也是“十四五”时期实现经济高质量发展的内在要求。要牢固树立“绿水青山就是金山银山”理念，深入实施可持续发展战略，促进经济社会发展全面向绿色转型。以探索生态产品价值实现机制为契机，培养绿色消费增长点，打通绿水青山向金山银山转化的关键节点，不断创新绿色消费商业模式。

第三，自觉提高理解和贯彻新发展理念的政治站位。完整准确全面理解和贯彻新发展理念是新形势下经济社会发展的重要工作要求，也是对各级党政领导干部政治判断力、政治领悟力、政治执行力的一场“大考”。当前，生态文明建设正处在关键时期，各级党政领导干部必须时刻保持头脑清醒，要坚定政治站位，增强“四个意识”、坚定“四个自信”、做到“两个维护”，对“国之大者”了然于胸。要不断加强理论和思想武装，特别是要系统地学习习近平新时代中国特色社会主义思想，全面准确地领会和掌握新发展理念的精神实质、目标要求，善于运用系统观念审视把握新发展理念。要铸就强大政治执行力，把外部要求转化为内在主动，切实做到党中央提倡的坚决响应，党中央决定的坚决执行，党中央禁止的坚决不做，不折不扣抓好党中央决策部署的贯彻落实。

第四，以新发展理念助推碳达峰碳中和目标实现。2030 年前实现碳达峰、2060 年前实现碳中和是党中央深思熟虑后做出的战略决策，既是对国际社会的庄严承诺，也是国内经济高质量发展的内在要求。“双碳”目标的提出将我国的绿色发展之路提升到新的高度，成为我国未来数十年内经济社会发展的主基调之一，其实现需要对现行社会经济体系进行一场广泛而深刻的系统性改革。要把推进碳达峰、碳中和作为立足新发展阶段、贯彻新发展理念、构建新发展格局、推动经济社会高质量发展的重要内容，要坚定不移走生态优先、绿色低碳的高质量发展道路。要坚持用新发展理念引领“碳达峰”、“碳中和”工作，要把握好“十四五”关键窗口期，确保“双碳”目标如期实现，要增强推进“双碳”目标实现的政治战略定力。

（摘自《北京日报》2021年8月9日）

法治理论既要坚持原创性又要有时代性

《光明日报》2021年8月9日刊发中国政法大学校长马怀德撰写的文章指出，习近平法治思想是推动中国特色社会主义法治理论创新发展的根本遵循，其中蕴含的理论成果充分展示了“中国经验”，值得探究。任何一种理论都不是凭空产生的，中华民族有着深厚的文化传统，国家监察理论的发展不仅传承了中国古代优秀法律传统，还借鉴了古今中外的有益经验，才逐渐走向成熟，形成了具有中国特色的国家监察理论。各级领导干部执掌国之重器，全面依法治国也立足于我们党百年法治建设的优良传统，抓住了各级领导干部这个“关键少数”，产生了显著的示范作用。法治政府理论作为原创性理论成果也成为推动法治政府建设向纵深发展的重要支撑。在产生原创性成果的同时，立法也要主动适应改革和经济社会发展的需求，过时的法律法规要及时清理，关注平衡德治与法治、依法治国与依规治党的关系，为实现国家治理体系和治理能力现代化提供理论支撑。

（摘自《光明日报》2021年8月9日）

不断提高基层治理水平（治理之道）

《人民日报》2021年6月15日刊发河南财经政法大学国家安全法研究所副主任石艳芳博士撰写的文章指出，习近平总书记强调:“‘十四五’时期，要在加强基层基础工作、提高基层治理能力上下更大功夫。”基础不牢，地动山摇。随着经济社会快速发展，基层社会治理中的新旧矛盾相互交织，利益关系更加多变，治理的复杂性和艰巨性更加凸显。确保社会既充满活力又安定有序，必须不断提高基层治理水平。

近年来，我国基层社会治理方式和手段不断创新，基层社会治理体系日益完善，基层治理能力不断提高，为成功防范化解各种风险挑战、统筹推进新冠肺炎疫情防控和经济社会发展、打赢脱贫攻坚战等提供了坚实支撑。但与人民群众对美好生活的新期待相比，基层治理能力还有待进一步提高。要深入贯彻落实“十四五”规划和2035年远景目标纲要的部署，健全党组织领导的自治、法治、德治相结合的城乡基层社会治理体系，不断提高基层治理能力，实现基层既充满活力又安定有序。

更好发挥自治在基层社会治理中的基础作用。自治是社会治理方式现代化中体现人民当家作主的重要标志，是基层社会充满活力的重要源头。在长期实践中，我们不断探索创新基层群众自治实现途径，努力做到民事民议、民事民办、民事民管。当前，人民群众参与基层社会治理的意识越来越强、能力不断提升，这为更好发挥自治作用提供了有利条件。要健全基层党组织领导的、充满活力的基层群众自治机制，在城乡社区治理、基层公共事务中进一步激发群众自我管理、自我服务、自我教育、自我监督的积极性主动性创造性，充分发挥人民群众在基层社会治理中的主体作用，不断拓宽人民群众参与基层社会治理的制度化渠道，夯实基层社会治理基础。

更好发挥法治在基层社会治理中的保障作用。基层是依法治国的基础所在。要充分发挥法治在基层社会治理中的作用，积极回应人民群众法治需求，善于运用法治思维和法治方式防范风险、化解矛盾、维护群众合法权益，切实让人民群众感受到法治就在身边。善于用法治思维引导和规范社会生活，培育办事依法、遇事找法、解决问题用法、化解矛盾靠法的法治环境，让法治理念融入基层社会治理实践。完善各项矛盾纠纷解决机制，发挥好人民法庭、人民调解组织等在普法教育、化解矛盾纠纷、维护基层和谐稳定中的重要作用，对人民群众持续有效地开展普法教育。加强基层党员、干部社会主义法治理念教育，使尊法学法守法用法成为基层党员、干部的自觉行为和必备素质。

更好发挥德治在基层社会治理中的教化作用。国无德不兴，人无德不立。法律有效实施离不开道德支撑。道德能够引导人们自觉遵守法律规范，增强人们的权利意识、平等意识、责任意识等，让法治精神更加深入人心。在基层社会治理中应充分发挥道德教化作用，把社会主义核心价值观要求融入法治建设和基层社会治理。深入挖掘和汲取中华优秀传统道德文化精髓，为基层社会治理现代化提供精神动力。加强社会公德、职业道德、家庭美德、个人品德建设，发挥市民公约、乡规民约、学生守则、团体章程等社会规范在基层社会治理中的作用，建立惩戒失德行为机制。把法律和道德的力量、法治和德治的功能紧密结合起来，树立良好行为规范和社会风尚。

（摘自《人民日报》2021 年 6 月 15 日）

王若磊：准确把握共同富裕的内涵与要求

《光明日报》2021 年 6 月 10 日刊发中共中央党校（国家行政学院）政法教研部王若磊教授撰写的文章指出，先富带后富，共奔富裕路。《中共中央　国务院关于支持浙江高质量发展建设共同富裕示范区的意见》发布，是党中央充分考虑全国基本情况和浙江基础条件作出的重大战略部署。

当前，全面建成小康社会取得历史性成就，在全面建设社会主义现代化国家新征程阶段，习近平总书记连续多次在地方考察时强调扎实推进共同富裕，这既是我们党初心使命的体现，也是对执政承诺的信守和坚持，彰显了社会主义的本质特征，必将推动社会主义向更高阶段迈进。

在全面建设社会主义现代化国家开局期扎实推进共同富裕，必须准确把握现阶段共同富裕的内涵和要求。首先，“扎实推进共同富裕”“取得明显的实质性进展”的要求，表明这一阶段推进共同富裕不再是一个远景目标和执政理想，而是要有切实举措、见到实效；其次，“坚持共同富裕方向”的要求又表明促进全体人民共同富裕是一项长期任务，必须循序渐进，“量力而为、尽力而行”，兼顾需要和可能。再次，“实现共同富裕不仅是经济问题，而且是关系党的执政基础的重大政治问题”。这说明推进共同富裕是以人民为中心的发展思想的集中体现，关系着党的执政根基和民心所向。

共同富裕要求更加注重发展共享。近年来我国经济社会发展取得巨大成就，社会整体福利不断增进，人民普遍受益，但发展的惠及程度并不均衡，社会福利在人群间、行业间、城乡间、地区间都有一定差距。党中央在当前提出扎实推进共同富裕，旨在强调在现代化国家建设新征程中要更加注重发展成果更多更公平地惠及大多数人，使社会福利向他们倾斜，补齐基础福利差距的短板。

共同富裕要求更加注重分配公平。在社会主义向更高阶段迈进的当下，强调共同富裕旨在说明收入分配机制将从效率优先转向保持效率和公平间的平衡，更加注重分配正义，使社会财富和收入的分配更加公平合理。

共同富裕要求更加重视民生福祉。当前我国民生福祉虽已取得长足进步，但社会福利和公共服务仍有很大提升空间。提出共同富裕的努力方向，意味着要在教育、就业、医疗、养老、育幼、居住、环境等方面更加用心用力，不断提升民生福祉和生活品质。

共同富裕要求更加注重高质量发展。传统发展理念以增长为中心，高质量发展要求转变发展方式，意在解决发展不平衡不充分问题，要求发展成果更好惠及全体人民，这些都是实现共同富裕的基本前提。

共同富裕有助于进一步提高社会公平的获得。共同富裕作为目标能够提供相对公平、差异较小的实质性福祉，如就业、教育、医疗、健康等方面的基本福利，以此建立起一个人与人起点相对公平的实质平等社会。

共同富裕要求更加注重人的全面发展。共同富裕不只是物质层面的生活富裕，也包含人本身的发展和精神的富足。共同富裕的目标要求不再把目光聚焦于经济数量的增长之上，而是把对发展的目的回归到人本身，以人的发展与进步来衡量。这就要求在新发展阶段更加注重包含智力、健康、道德、品质、素养、个性等全方位的发展，注重发挥人的创造性和才华的施展，实现人的自主与精神富足。

（摘自《光明日报》2021 年 6 月 10 日）

约 稿 函

《信访与社会矛盾问题研究》是全国第一份从信访角度研究社会矛盾和社会问题的理论期刊，本刊的公开发行填补了相关领域的空白。本刊由北京市信访矛盾分析研究中心（该中心是全国信访系统成立的第一家致力于信访理论、社会矛盾和社会问题研究的专门机构）编撰，由北京大学国家治理研究院院长王浦劬教授、中国人民大学国家社会发展研究院常务副院长李路路教授、清华大学社会学系沈原教授、北京大学社会学系谢立中教授（按姓氏笔画排序）担任学术顾问，由社会学、法学、政治学和公共管理学等相关领域41位知名专家担任编委。本刊得到了国家信访局领导的大力支持和充分肯定，也赢得了理论学术界的普遍赞誉。

本刊主要栏目包括专家访谈（专家视点）、理论视野、信访观察、探索与思考、社会调查与案例分析等。

现特向您征集与信访、社会矛盾和社会问题研究等相关的稿件。

一、征稿要求

论文字数以10000字为限。

本刊不接受已经发表的论文和一稿多投的论文。依国际惯例，曾在国内外会议做主题发言的论文，视为未曾发表的论文，欢迎投稿。

欢迎相关领域的研究机构及时提供研究活动的消息动态，字数限制在500字以内。

本刊编辑部收到稿件后，恕不退稿，请作者自留备份。

二、论文体例

来稿应包括标题、摘要、关键词、正文、注释及参考文献等。

（一）封面（首页）：

封面需注明论文题目和所有作者的姓名、工作单位、职称、联系方式（包括移动电话和电子邮箱）。

（二）摘要和**关键词**：

1. 摘要 200—300 字，要体现出以下几点：

写作目的（必写）

研究设计 / 研究方法 / 路径（必写）

发现（必写）

研究的局限性 / 启示（可写）

应用性的启示（可写）

社会影响（可写）

独创性 / 价值（必写）

2. **关键词**：请在文题页上提供能够浓缩文章主要议题的 5 个关键词，我们将尽力在发表的文章中使用作者提交的关键词。但是，所有关键词须得到内部编辑组的批准。为保证一致性，它们有可能被替换为意思相同的其他术语。

（三）脚注 / 尾注：只在确实必要的地方使用脚注，文章中使用当前页起始编码。

（四）标题以及层级：标题必须简洁明了，并清楚标明层级结构。

（五）参考文献：

参考文献采用“作者—年份制”，具体要求如下：

行文中采取这种体系的标注格式为（作者，年份：页码），示例如下：（周雪光，2004：25）或者（Adams，2006）。其中页码部分视需要确定有无。注意，在行文中，中文作者使用的是全名，而英文作者使用的只是作者的姓，比如（马克思，1962），（Marx，1868）。引用同一作者同一年份的不同文章，可在年份后面加 a、b、c 来加以区别，比如（马克思，1956a）（马克思，1956b）。在同一处引用同一作者不同年份的多部作品，年份之间用逗号隔开，比如（韦伯，1949，1958）。引用多种文献时，不同文献之间用分号隔开，如（韦伯，1949；马克思，1956）。引用多个中文作者合作的作品时，中文作者名之间用顿号隔开，英文作者名之间用逗号隔开，比如（苏国勋、夏光、张旅平，2005）。采用这种方式时，作品的最后必须附有一个详细的按照首位作者的姓的首字母排序的参考文献。

例如：

专著：梁漱溟，2006，《乡村建设理论》，上海人民出版社。

（梁漱溟，2006）

Pollan，Michael. 2006. *The Omnivore's Dilemma: A Natural History of Four Meals*. New York: Penguin.

（Pollan，2006）

Ward，Geoffrey C，and Ken Burns. 2007. *The War: An Intimal History*，*1941–1945*. New York: Knopf.

（Ward and Burns，2007）

文集：高丙中，2000，《民间的仪式与国家的在场》，载郭于华主编《仪式与社会变迁》，社会科学文献出版社。

（高丙中，2000）

张静，2000，《“雷格瑞事件”引出的知识论问题》，《清华社会学评论》第2辑，鹭江出版社。

（张静，2000）

Kelly，John D. 2010. “Seeing Red: Mao Fetishism，Pax Americana，and the Moral Economy of War” In *Anthropology and Global Counterinsurgency*，edited by John D. Kelly，Beatrice Jauregui，Sean T. Mitchell，and Jeremy Walton，pp.67–83. Chicago: University of Chicago Press.

（Kelly，2010）

期刊：张其仔，1999，《社会网与基层经济生活》，《社会学研究》第3期。

（张其仔，1999）

Weinstein, Joshua I.2009. "The Market in Plato's Republic." *Classical Philology* 104:439–458.

（Weinstein, 2009）

会议论文：马勇，2012，《王爷纷争：观察义和团战争起源的一个视角》，"政治与精英与近代中国"国际学术研讨会会议论文，杭州。

三、投稿方式

来稿请以Word文档用电子邮件附件的方式发送至本刊邮箱xinfangyanjiu@126. com，并在邮件主题中注明"投稿"。收到稿件后，编辑部将提交编委会审阅，如通过审核，我们将第一时间回复用稿通知。